挑戰，巔峰之後

江秀真——文字・攝影

特別感謝歐都納公司與世界七頂峰計畫團隊
豐富我生命中最精彩的一頁。

目錄

第一部 生命之初

第三章

攀登高峰的初心與夢想。

第四章

感謝珠穆朗瑪峰成就我一生的勇敢。

第五章

與其看人臉色吃飯，不如看天吃飯。

第六章

像家一樣溫暖存在的玉山。

第二部
生命之巔

第十一章

心隨境轉，日子才能過得輕鬆。

——卡茲登茲峰Mount Carstensz攀登紀實

第十二章

肯定的力量，讓我繼續堅持追夢。

——文森峰Mount Vinson攀登紀實

第三部
生命之善

第十三章

轉彎、轉山，轉出自己的生命節奏。

——卓奧友峰Cho Oyu營地訓練紀實

推薦序——

臺灣登山界之瑰寶

前玉山國家公園管理處處長　林青

近幾年來，「登山」活動經過各登山界前輩大力提倡，從一門高深的專業活動，轉變成休閒活動，更變成全民運動。近至居家附近小山、遠至各高山，路上碰到朋友幾乎人人信手拈來都是一口登山經，堪足見證臺灣登山運動之活躍。

有緣認識秀貞，是我二〇〇五年初擔任玉山國家公園管理處處長時，當時正要甄選一位巡山員，有多名應徵者，她是唯一女性，也是兩岸華人第一位登頂珠穆朗瑪峰的女性登山者。聽聞她的豐碩登山經驗，也佩服她的毅力及優越的體能。爲了借重她的登山經歷及爲國舉才，特予破格錄用。於是她得以重回高山懷抱，而成爲全國第一位優秀的女性巡山員。工作期間表現優異，且努力向學，故又向林金樹所長推薦她進入嘉義大學森林研究所攻讀碩士；後又再度爲她增加推薦人選，使她可參加歐都納登七頂峰之選拔，並准以公假參加兩年期的攀登訓練，讓我們高山管理、環境教育如虎添翼，增色不少。

後來證明我的眼光沒看錯，臺灣海拔三〇〇〇公尺以上的高山超過二六〇座，秀貞就攀過九十座；世界七頂峰也都拜服在她腳下，珠峰更是完成南攀、北攀第一人。除了本身工作要處理之外，她不斷提供這些登山發生經驗、狀況、處理應變作法及本身的經驗傳授於各同仁，心有餘力還到各地去演講、將經驗分享，實爲臺灣登山界之瑰寶。

二〇一四年初我公職退休後，原本以爲只能偶爾從FaceBook上分享她難得的世界登山經驗，沒想到秀貞竟把她這段期間到世界各地攀登高山的經驗出書，讓人可以臥遊寰宇、細嚼這登山過程的點滴。我想，看完這本《挑戰，巔峰之後》，可以學到的有四：

一、難得的登山經驗：登山過程的辛苦與重裝備、詭譎多變的高山氣候，讓我看到世界高山之奇之美。

二、不斷向前、面對挫折的堅持：人生不如意事十常八九，不可能一路順暢無阻。成功唯一的方式就是自我激勵，不斷向前衝。遇到挫折時，要努力不懈，勇往直前。

三、轉身的抉擇：堅持之後，還要有清醒的頭腦可以判斷何時該放下，以保全身而退；學到經驗後的轉身並非失敗，而是另一個成功的開始。

四、生態環境教育：上天賜給我們美好的生態環境，是教我們保護它、與其和平相處，而不是一味地過度使用，這也是走向大自然才有的特殊體會。

古希臘大哲學家蘇格拉底在授課的第一天對學生們說：世間最容易的事就是堅持，最難的事也是堅持。說它容易，是因爲只要願意，人人都能做到。說它最難，是因爲眞正做到的終究是極少數的人。謹把這句話送給秀眞，同時也與讀者分享。

二〇一六年四月六日

推薦序——唯有更謙卑，方能攀上人生的頂峰

歐都納公司董事長　程鯤

二〇〇九年我和太太坐在飛往尼泊爾的班機上，望著機窗外，淚水悄悄自眼眶滑落。從年幼時喜歡大自然和登山運動，到二〇〇五年正式推動七頂峰攀登計畫，歐都納、顧問團與攀登隊員們，以三年一千多個日子的堅持，順利登上聖母峰、並完成世界七大洲最高峰的攀登任務，著實讓我內心感動不已。

在歐都納攀登團隊中，唯一的女性成員就是秀貞。我與秀貞是在一九九五年相識，當時秀貞爲臺灣第一位登上聖母峰的成員，到二〇〇五歐都納七頂峰攀登計畫正在公開徵選攀登隊員，當時的秀貞三十四歲，帶著臺灣第一位登頂聖母峰的光環前來徵選，內心應充滿無比壓力，但評選顧問們在秀貞的眼中看到了執著耐力與不放棄的堅韌鬥志，在眾徵選者中脫穎而出，成爲五位正選隊員中唯一的女性夥伴。秀貞也不負眾望在三十七歲成爲臺灣第一位完成攀登世界七大洲頂峰的女性，更是全球首位登上七頂峰、並從南側及北側路線完成聖母峰登頂的女性登山家！

秀眞與攀登隊員們爲了實現臺灣有史以來規模最大登山探險計畫的使命，秀眞與隊員們堅持到底、不輕言放棄的態度，共同經歷了每一段艱辛的訓練與攀登過程，一路走來，他們眞的做到了，同時創造了多項世界級的紀錄！不僅深深受到國際登山隊的肯定，也讓臺灣社會感染更強的探索勇氣與能量，帶動更多的年輕人勇於挑戰，完成夢想。

如同秀眞所說，每個人生命都在追尋屬於自己的「聖山」，唯有出發，才不會一直原地踏步，誠如七頂峰顧問與我曾與秀眞分享：「想要成功，就得不怕途中的踉蹌、摔跤、困境、失敗，因爲這些磨練，是幫助我們邁向成功之路最可貴的過程，唯有更謙卑，方能攀上人生的頂峰。」喜聞秀眞在完登七頂峰壯舉後，在二〇一二年開展了另一段爲「登山教育」扎根的生命旅程，從雲端到人間，秀眞這幾年力行「行腳每一所學校」的心願，她對登山教育向下扎根的努力與成果令人敬佩，我也相信秀眞在未來的每一次出發，都能如她書中所述爲生命與我們的下一代帶來新希望，並協助每個人懷抱永不放棄的精神，登上心中的聖山！

推薦序——

如實用雙腳踩在美麗的寶島上

臺灣健行登山會秘書長　黃一元

這是秀貞在《峰雪旅人——俯瞰生命之山》出版之後，再接再厲完成《挑戰，巔峰之後》，我當然義不容辭、也是榮幸，再替她說一段話。

在〈從雲端到人間的行腳〉章節裡，秀貞引日本將棋（日本象棋）七冠王棋士羽生善治的話說：「人必須經歷過眞正的絕境，才會有飛躍性的成長。」所言甚是，英國登山家道格．史考特（Doug Scott）的經典名言是：「不經空腹，無從悟道。」兩者文句看似簡單，實則不經體驗，無從感悟。

這裡要介紹二〇一六年世界級金冰斧終身成就獎，頒給波蘭登山家歐特克．喀提卡（Voytek Kurtyka）——他說，「『道』在東方哲學中是非常生動而貼切的一種概念，……登山這種卓越的運動，是有助於提升人類心靈與體魄的一種珍貴方法。根據道的傳統，我稱之爲『登山之道』（The Path of the Mountain）。」

簡正德（臺灣登山家）也說：「人生最精彩的不是實現夢想的瞬間，而是堅持夢想的過程！」

在〈轉彎、轉山，轉出自己的生命節奏〉章節裡，我認爲秀貞轉出自己的生命節奏，她曾獲第四十七屆十大青年獎、內政部一等獎章、體育運動菁英獎及第二十屆十大女青年。今天（二〇一六．三．二十七）看到秀貞在嘉義竹崎高中、她個人講座第八一八場次，社群網站（Facebook）說即使是一趟又一趟「雲端上的行腳」，但孩子眼中、嘴裡的秀貞姊姊，是如實地用雙腳踩在臺灣這美麗的寶島上，是另一種形式的行腳臺灣吧！仍然充滿了第一場次的感動。

我認爲秀貞會更戒愼、更認眞地回饋社會，當然她的故事不會就此結束。這條路，秀貞會一直走下去。

推薦序——從雲的高度看滾滾紅塵

社區大學&青商會特聘講師　魏碧珠

極地／低氧／高海拔——呼吸在極限裡喘息！
征峰／心經／奧運夢——意志在潰堤邊緣遊走！
一個人的生命巔峰能夠發揮到何等極致？
一個人的蓄積能量能夠燦亮奪目照亮晦暗角落。

看秀貞《挑戰，巔峰之後》讓人墜入記憶長河，停不下來翻頁急於看下一章又是如何驚心動魄百轉千迴，一本爬心靈的聖山，卻是用肉體煎熬換取精神層面的昇華，若不是親身經歷如何能有刀刻血痕般蕩氣迴腸的體悟！從雲的高度看滾滾紅塵，從地獄裂隙到珠穆朗瑪，她孤身一人於狂嘯暴風雪中寫下遺言，在死神刀下舉冰斧對抗，老天揀選的聖山攀峰者有多少人能全身而退，更遑論挑戰世界七頂峰而寫下精彩回憶錄！書中每一個字都是用艱辛步履堆疊雲的高度，每一句都是瘀青凝血構築海的胸襟！

讀此書使人感觸生命悲壯人性光華，翻內頁更是潸然淚下崇敬不已，若說蒼天有極毅力無窮，若談生命有限念力無致，《挑戰，巔峰之後》字裡行間讓讀者看到小小性命懸於一線。從歐洲出發環繞地球進退之中精準判斷，一座座攻克八千公尺高峰，如何激勵自己奔向遙不可及夢想境地；從游擊兵到斑馬牆，將歷程裡遭逢艱難過程與惡地對抗驚險掙扎娓娓道來，鉅細靡遺句句撼動人心，文中不忘幽默字字珠璣更有曲折人性透析。

每一次內心對話都看到她的氣度與堅毅，涵養與胸襟，她讓有限生命化為無窮力量，用文章傳承不朽傳奇使動人故事得以延續，馬不停蹄鐫刻八百多場生命教育，連夜讀完好書內心悸動久久無法平息。這絕對是值得典藏珍貴好書，它策動您打開塵封行囊，不甘生命如此平淡，不願皮囊黯淡無光；她讓您無懼勇往爬一座屬於自己心靈的聖山，譜一段關懷土地的動人樂章。

寫於書前——**存活下來的約定**

一九九五年，我二十四歲，第一次登上世界最高峰——珠穆朗瑪峰。

還記得返抵桃園國際機場那天，母親看見我被曬黑和凍焦的臉龐，直問：「咱有爬尙高無？」我回說：「有喔！」母親接著說：「咱有爬尙高就好，毋通擱去ㄚ，知無？」我當下聽出母親話語中的心疼與不捨，同時望見一向表情嚴肅的父親露出欣慰、滿足的笑容。

接下來幾年，我除了擔任高山嚮導，一路持續半工半讀，完成嘉義農專、技術學院後，再考進嘉義大學森林系碩士班就讀，期間還因緣際會進入「梅峰農場」工作——那是老天爺賞給我這一生中最美的時光。在近三年的歲月裡，我第一次與合歡群峰、奇萊連峰如此靠近，共譜一段梅峰回想曲。

直到有一天，梅峰的同事阿雄突然跑來，興奮地對我說：「江仔，江仔！玉山國家公園招考巡山員，而且不限男性、不限原住民喔！這最適合妳啦！」我卻冷冷地回他：「是喔！我在這裡很好啊，想做到退休哩……每天蟲鳴鳥叫、山高水長，滿足的神情，映在臉龐。」阿雄一聽，驚訝又帶有點生氣的表情說：「蝦米?!如果妳只是想在這裡退休，我不相信妳是爬過聖母峰的人！爬過聖母峰的人，應該比其他人更具有生命勇氣才對。」這些話真是當頭棒喝，狠狠敲醒了我。

我不禁反問：安適的生活，是否已侵蝕自己原本的夢想？否則怎會失去這一路由艱困中所建立的築夢鬥志？

現在想來，阿雄還眞是我生命中的可愛貴人！沒有他那氣憤的臉龐說出那番動人的話，我將錯過成爲玉山國家公園第一位女巡山員，親眼見證世界七大洲最高峰、屏息凝視這世上絕美的視野，以及擁有種種難能可貴的因緣！

◎　◎　◎

二〇〇五年，我三十四歲，再度取得「歐都納攀登世界七頂峰活動」正式隊員的資格。那段期間，母親叮嚀的話語和擔心的眼神，不時在腦海中縈繞。然而，高山的氣息和魅力對我的召喚似乎更強烈……當時我並非想要證明或征服什麼，而是覺得在自己的生命中，是否還能發揮或做些什麼。

山並非高就最危險，生命的考驗也沒有眞正的通知單。我相信在每位登山者的生命中，都有一座令人難以忘懷的聖山，讓自己脫胎換骨、淬煉改變。對我來說，南美洲的最高峰——阿空加瓜峰正如我的生命導師，它以最嚴厲、殘酷及重重險境的考題，讓我親身去釐清、解答和突破。

那是我生平第一次在海拔五五〇〇公尺上獨處。儘管之前曾做過獨處訓練，但此刻的我依然感到孤單。我先將背包掏空，鋪在睡墊旁，試圖將帳篷的底部填滿。因爲如果不塡滿底部，晚上的冷空氣來襲，有可能會「自我冰封」。

當黑夜降臨，周遭陷入深不可測的狀態。面對持續進逼的暴風雪，我寫下這段〈阿空加瓜「風」〉——「席捲一切，包括靈魂，狂奔巨浪，舞動大地。臣服在祢斗篷之下，無力反抗，靜待平息，渺如砂粒，任由滾動。持有力量，來自四面八方，無人能敵！儘管怒吼掀起任何巨響，那種強勁，足以令人魂飛魄散，無從拾起，直到化為煙、塵、氣流而盡失。」

自出生以來，我從未感到如此無助，一連串自怨自艾到情緒幾近崩潰，終於放聲大哭。幾分鐘後，我意識到自己的哭聲顯然被帳篷外的風聲鶴唳所掩蓋，哭得再大聲，又有誰能聽見?!

◎ ◎ ◎

獨自經歷兩天兩夜的暴風雪狂襲，宛如打了一場心靈戰役，整個人疲憊不堪，連翻身都沒有力氣。直到帳篷上射來微弱的光線，我將手伸出睡袋外，嘗試感受一下陽光的溫度——眞的放晴了嗎？我在被窩裡揚起一抹不太確定的微笑，熱熱的淚水早已卡在眼角打轉，卻怎麼也不肯落下來……直到陽光全然釋放，熱

情邀我走出帳篷的那一刻，我覺得自己猶如破繭而出，整整兩天兩夜不見天日，經過漫長的煎熬與試煉，已被支解的身軀頓時有一種脫胎換骨的重生感。

我想，這是挑戰極限之後，老天爲我的人生所開啓的另一扇窗。我始終覺得自己當年何其幸運，能得到幸運之神的眷顧，繼續感受天地這一呼一吸之間的美妙。因此，我一直將這份「存活下來的約定」擺在心上，展開「行腳每一所學校」的演講計畫，發願將自己的寶貴經驗分享出去，讓更多人明白每一個生命的殊勝與可貴。

每當我接到各級學校機構的演講邀約時，總是說：「演講費用多少不重要，重要的是：請給我充足的時間傳達美好的經驗給學生，對他們有所鼓勵才是好事。」

尤其，學生從中獲得啓發、進而回饋給我的，更讓我覺得有意義——前一陣子，我收到一名學生來信寫道：「秀眞姊姊，當入學面試時，教授問我爲何要來念森林系？我勇敢地告訴教授，決心考取森林系，是因爲受到江秀眞姊姊到學校演講時的啓發和鼓勵。結果教授很開心地說：『江秀眞，她是我的學生！』」

我欣賞的電影製片家布里薛斯，他不僅是攀岩勇士，也是登山冒險家。他留下一句名言：「你可以攀爬珠穆朗瑪峰一千次，不過它永遠也不會知道你的名字。認清自己的無名與後果，是登山者謙卑的秘訣、攀岩者應有的自覺。」

在登上珠穆朗瑪峰的二十年後，我深深覺得：下山，才是眞正的挑戰！

從十五歲第一次爬山到現在，歷經臺灣九十座高山的淬煉、並達成完攀世界七頂峰紀錄的我，每攀登一座高山，就多一份謙卑之心。我眞心希望透過這本書的出版，除了分享自己的生命故事，以及那些山川自然教會我的事之外，也讓每個人都找到那座屬於自己「人生路上的聖山」。

第一部

生命之初

從十五歲踏入社會至二十四歲登頂珠穆朗瑪峰的歲月裡，
在面臨學業、人生抉擇之際，我總是以幫忙母親分擔債務為優先考量；
這十年來，即使見識過無數次人間冷暖，
我心裡始終有個單純想法，就是——
與其看人臉色吃飯，不如看天吃飯。

第一章

出身，不代表人的一生。

新北市雙溪區泰平里——和平橋。

「又擱是查某ㄟ……」寒冷正月的某日清晨，助產阿婆對著母親說。

在六〇年代的臺灣鄉村，傳統家庭大多期盼能生個兒子來幫忙家計，或是傳宗接代，而我就在那樣的氛圍、晨光悄悄透進日式宿舍窗子的榻榻米上出世了。

當時長我六歲的大姊目睹整個過程，她回憶道：「妳一出生就哭聲震天，我也不敢靠近……」一出生就肺活量特大，或許這是老天爺賜給我的第一個禮物，爲將來攀登高山做準備吧。

吃人四兩，也要還人一斤?!

我記得小時候有一段時間，父母親每天辛苦賺錢、跟互助會，終於攢了一筆錢，買下一間讓全家人安身立命的房子。當時爸爸原本和鄰居阿發合夥買卡車經營載煤的工作，但因爸不懂帳目，後來被陸續以虧錢的理由而放棄卡車的經營，之後便以開計程車維生，一家八口每天和樂融融地生活在一起。

原本以爲這般安定小康的日子會就此延續下去，沒想到在我小學五年級那年，母親竟被人倒會四百多萬，全家人的生活頓時陷入窘境。

爲了養活一家大小，以及扛起被倒的會錢，母親開始以通車方式到台北外雙溪的礦區工作。那時天未亮，我就被母親叫醒，預備騎腳踏車載她與另一位鄰居大嬸去搭火車；這段載送路程約有兩、三公里，期間還得費力爬上一個大坡路之後，坡度才變緩。我通常先載鄰居大嬸，再回頭接送母親；母親那時體型瘦小，大約四十公斤重，不過大嬸的體重則是我母親的兩倍！這樣一天來回載送下來，後來我想，我的登山腳力或許也是這樣訓練出來的。

在我們家被倒會之後，一天下課回家，我發現門口停了輛紅色轎車，原來是宜蘭阿舅聽說媽媽被倒會，擔心家裡小孩沒飯吃，遠從宜蘭載著一百斤的米來探訪。母親說著說著，眼眶泛紅……

當年這一幕我至今不曾忘記。母親其實只是宜蘭阿舅認的乾妹妹，在當時卻比自家親戚來得有情有義。那時家裡被倒會的消息一出，有些至親不伸出援手也無可厚非，反倒急著來家裡討會錢，逼得媽媽常常一把鼻涕一把眼淚。

宜蘭阿舅離開後，母親一再叮嚀我：「吃人一斤，也要還人四兩。」當時年紀小，我把這句話聽成：「吃人四兩，也要還人一斤。」直到現在，我始終將宜蘭阿舅的恩情擺在心上，盡自己所能去表達對他的感恩，就算記錯俗語，多還一些也是應該，畢竟在困境中願意幫助我們，就是一輩子的恩人。

環境不會因你自怨自艾而改變

面臨被倒會的巨額債務，父母親忍痛賣掉承載一家人和樂記憶的第一間房子，輾轉在雙溪四處租屋討生活。那段悠遊自在卻短暫的童年時光，也就此隨著故鄉的兩條小溪（*牡丹溪和平林溪，此即雙溪地名由來）流逝不回。

出生於山城雙溪（坐落在福隆海灘的隔壁鄉鎮）的我，在家中排行老四，正所謂哥哥姊姊弟弟妹妹都有、一般人眼中理應最好命的中間分子，但實際情況是——因爲母親跟的互助會被倒債四百多萬，父母、兄姊被迫提早到台北工作兼讀書，留下剛念國一的我獨自照顧年幼的弟弟妹妹。所以，我從少女時代就開始半工半讀，一直到碩士班畢業。

一開始眞的感覺日子好苦，下課後往往沒辦法和同學一起閒逛、吃冰、玩耍，必須立馬回家牽著弟弟妹妹，到黃昏菜市攤販挑揀便宜的食材回家準備飯菜；一旦碰上民俗節慶，還得準備牲禮祭拜神明祖先……不過，我應該也是在那時練就了一手剁雞肉及煮菜的好功夫吧。

幾次家中無米可炊的時候，我就必須一個人搭著平快火車，叩嚨叩嚨……近兩小時的車程才抵達台北火車站，跟母親拿生活費。而且，往往爲了能夠搭上回頭車，我只能從剪票口接過母親預先備好的菜，母女倆形色匆忙，也沒能說上幾句話，更別想對母親訴說心中的委屈，轉身含淚一邊趕往乘車月台，耳畔一邊響起母親的叮嚀——不能睡著，否則錯過雙溪站，火車可能直接開到頭城、礁溪、宜蘭或蘇澳，晚上可就沒有其他火車班次了……

其實在上了一整天課，隨即趕搭火車北上，要一個十幾歲的孩子不睡著是很難的。爲了擔心搭過站，我在回程一路上只好把車窗拉開，讓冷冷的夜風吹拍在臉上保持精神。只是台北開往雙溪的火車，沿途得經過好幾座山洞，總是弄得我灰頭土臉、像個挖礦工人似的。

充當母職、負責照顧上小學的弟弟妹妹那一整年，我對自己的課業總是力不從心，所幸透過球隊和田徑隊的訓練，還能從中獲得些許自信。那時候，我在班上習慣僞裝堅強，刻意用大嗓門說話爲自己壯膽，表現出一副天不怕地不怕的樣子，也因此經常招來導師的訓誡，甚至被罰站在走廊上，列入問題學生名單。

還記得國二那年，體育老師覺得我有扔標槍、鐵餅的天分，派我去參加校際比賽，誰知到了比賽當天，剛好沒人能抽空回雙溪照顧弟妹，我只好硬著頭皮跟老師說我不能去參加比賽，但老師不相信，以爲我在耍他、欺騙他，便罰我站在校門口。我覺得滿腹委屈，當場聲淚俱下，結果全校學生經過都看見我在哭，更讓我感到被羞辱。還有一次在做校園清潔工作時，和同學閒聊時不經意脫口說出「擺平」兩字，剛好被經過的校長聽到，便認定我是問題學生。

直到現在我最感痛苦的不是被師長處罰，而是「遭人誤解」這件事最讓我心靈受創。爲什麼我說的是眞話，卻沒有人選擇相信？國中生那個階段，我正處於不擅解釋，或羞於表達的尷尬年紀，需要的是被傾聽、關懷與鼓勵，只可惜當時沒有這樣的貴人師長出現。幸好我天生比較粗線條，個性大而化之，雖然有時也會碎念人生怎麼那麼不公平之類，但下一秒鐘，我就會告訴自己多怨多嘆沒用，想辦法面對、解決問題，才有機會脫困。

是好是壞，由你怎麼看待

我母親雖然小時候沒機會接受教育，對孩子們的教養卻一點都不馬虎。從小，只要母親的眼睛稍微瞄一下，我們兄弟姊妹的皮就繃得緊緊的；與鄰居小孩爭執吵架，不論誰對誰錯，總是先教訓我們一頓再說，因爲她覺得吵架就是不好的行爲。母親還認爲女孩子一定要學會煮飯洗衣、擦地板、燒香拜拜、幫忙帶小孩等家務，也會接一些家庭代工如縫製毛線衣、康樂隊節目穿的旗袍亮片、在墜子頸環裝上極微的小彈簧、修剪成衣褲子的線頭……等等給我們做，除了貼補家用，我們也從中磨練獨立自主、細心能忍的好性情，更體會到一角、一元、十元都得來不易。

至於笑容很少、外表酷酷的老爸，鄰居小孩都不敢靠近他。從小到大，他習慣以「說反話」的方式和我們互動，導致日後我們也用相同方式與他相處，外人見了都以爲這一家人感情不好，對雙親說話沒大沒小，殊不知這才是江家人彼此對愛的表示。我對父親最深刻的兒時記憶之一，是他經常開車載著我們到海邊，陪他通宵釣魚，一起睡在東北角海岸或岩石上，當時無憂無慮地看著一輪明月高掛天際，傾聽海潮聲，任由清晨海風拂面，好不快活！我想，後來能安穩睡在五千公尺的冰磧石營地上，應也是由此培養出來的野外適應能力吧！

在那個物資不甚豐足的年代，對小孩子來說，最幸福的莫過於家裡有一台彩

新北市的雙溪是我出生的故鄉，
每年春節或有空檔，我最喜歡回老家逗外婆笑開懷。

色電視機可以看卡通影片，如：《湯姆歷險記》、《恐龍特攻隊》、《無敵鐵金鋼》、《萬里尋母》、《龍龍與忠狗》、《小天使》、《小英的故事》……其中尤以《小英的故事》深深影響了我。這部卡通敘述父母親相繼過世、獨立生活的小英，凡事都靠自己——我從十五歲開始半工半讀，爾後在外地住宿，許多生活用品如桌子、板凳、鞋架等，也都是學小英的方式ＤＩＹ，度過許多艱難的時期。現在回頭想想，工讀的歲月雖然辛苦，卻也在生活中留下許多單純的快樂，那是現在的我無法再感受到的。

傷痕累累換來膽量無限

在鄉下的童年生活，有時玩得特別野放。當時住在鐵路局日式宿舍，有一次趁母親出門，我跟著姊姊、哥哥到附近煤炭場玩，爬上一道碎玻璃圍牆，學超人一躍而下，哪知牆底下暗藏許多碎玻璃，當下刺個正著，右大腿竟血流如注，哥哥姊姊一時嚇到哭成一團。所幸麵包店老闆剛好路過，趕緊找人通知媽媽，媽媽雖然嚇到腿都軟了，但還是趕緊一把抱起我去給醫生縫治，留下像嘴唇般大小的傷疤。

只是傷疤再大，衣服一穿看不見，也就忘了它的存在。即使沒人帶著玩，我便自己跑到離家最近的火車站玩耍，有時像一隻小猴，把售票口排隊用的隔間欄杆當成體操雙槓，模仿體操選手擺盪；接著竟順手放開欄杆，做前空翻動作，結果「碰！」的一聲，額頭瞬間著地，頭破血流——那時車站剪票員嚇壞了，趕緊通知我母親；母親接到消息，慌張到連鞋子都掉在半路上，緊緊抱著我往小診所裡衝……就這樣，再度爲額頭留下一個正三角形的疤。

或許我眞的是天公囝仔。碰上大大小小的災難也不怕，反而養成日後面對困境的膽量。雖然名字叫「秀眞」，可是從小到大一直都很不秀氣，也不介意同學朋友老是以「江ㄟ、江ㄟ（公的）」叫喚我。除了學校規定的制服裙子外，我穿裙子的次數不超過五根手指頭。姊妹們幾度想將我「雕塑」成一般人眼中認定的女生模樣，但我就是不想讓外掛在身上的不便，限制了自由自在的心——我選擇做我自己！

長大後喜歡健行、爬山這類戶外活動。有一回從七星山下來，順道去泡溫泉。當時我很自然地走進女湯大衆池，池中有個泡得正舒服的阿桑看我一副運動員體格、中性模樣打扮，竟直接跳出水池，慌張跑向我說：「底迪啊……你走錯了，隔壁才是男生池！」我回答：「我是女生耶！」

阿桑又雙眼圓睜地說：「嗯……騙肖ㄟ！我在這裡洗溫泉洗二十歸冬啊，甘看未出你是查埔、也是查某ㄟ？你卡緊出去……嘸我嘜報警喔！」

我想了想，只好說：「阿桑妳嘜生氣啦，嘸妳站咧，我脫給妳看！」

脫完之後，阿桑一臉幽幽地說：「妹妹啊……妳頭毛嘛留卡長ㄟ～」

另有一次和幾個姊妹淘前往埃及自助旅行十天。行程走到第八天，我一直覺得怪怪的……爲什麼一路上所有付錢、簽約、甚至買東西殺價，全歸我負責？耐不住心中的疑問，只好跟替我們開好幾天車的司機打探這是怎麼一回事。他笑著說：「你們從哪裡來？」大家異口同聲說：「臺灣！」司機聽了一臉驚訝：「喔～～原來臺灣也能娶四個老婆，我以爲只有我們埃及或阿拉伯國家才可以這樣咧！而且在本地能一口氣娶四個老婆，表示家裡很有錢，我開了大半輩子計程車，才娶三個老婆，孩子最大的在念大學，最小的才念幼稚園，看你都沒半個拖油瓶，又年輕，當然找你要錢囉！」

呵呵～原來如此～可見長得一副中性模樣也有它的好處吧！

第二章

挫折是一個很好的貴人。

新北市雙溪區泰平里一景。

爲了不辜負一身好動的細胞，我從小便熱衷於各式田徑與球類運動，也由此獲得生命中的第一面獎牌！且說生長在那個多數仍有重男輕女家庭觀念的年代，大家可以想像，當我在小學運動會中奪下第一面金牌時，內心有多麼驕傲與激動嗎？

第一面金牌的刺激

當時我腦中出現的第一個念頭是：我要讓老爸知道，女生也可以像男生一樣，在運動方面獲得肯定，並非只能玩玩紙娃娃或做其他文靜的家政工藝品。

我一臉開心地拎著金牌，甚至有些得意地衝回家想跟父親炫耀一番——「爸，我拿到金牌了！」

沒想到父親只是笑笑，接著搔搔頭說：「什麼金牌？」

我刻意挺起胸膛大聲說：「全校五年級女子組兩百公尺金牌啊！」

父親依舊保持冷冷的口氣：「啥？莫怪喔～新聞攏毋報、報紙也毋刊，以後若不是全國的，免拿回來啦！」

當下被潑了桶冷水，心中頓感洩氣之外，還有滿懷不甘心的倔強。

我在心中堅定地告訴自己：「好，老爸！你給我等著，有一天我要拿世界金牌給你看！」當時年輕氣盛的我，就此埋下前進奧運的決心與夢想。

現在回頭想想，父親當年對我使用激將法眞是用心良苦。他是希望我不要以小成就自滿，應該要持續不斷往前邁進才好。而這也成了我日後用力拿牌、或挑戰夢想的最佳原動力。

選擇抱怨？還是努力面對？

每次朋友聽我聊起那段柴米油鹽醬醋味兼具的少女時代，大家總會心生一個疑問：在父母放妳獨自帶著弟妹生活的那段時間，妳曾經埋怨過嗎？

記得母親北上工作的那段時間，總是愼重交代我：「要照顧好弟弟、妹妹，有事情就到雙溪火車站找妳爸。」——可是當時父親的工作是計程車司機，如果找得到人，表示沒啥生意？生意好的話，應該也不容易找到人吧?!母親不在家，表示我得變成家長，雖然父親有一段時間仍陪在身邊，但洗衣、燒飯對那個年代的大男人而言，根本是不可能發生的事，更別說準備三餐、柴米油鹽等瑣事全落在我一個人身上。

曾經，我確實感覺自己像是拖油瓶那般的無奈與心酸，也可能正値青春期作祟，變得敏感、帶刺、憂鬱……所有的話學著往肚裡呑，總覺得全天下人都不明白自己的世界。再加上不久後，父親竟也悄悄北上工作，唯獨自己被留在雙溪照顧小弟小妹……於是在課業之餘，爲自己改編了一首兒歌：「我家門前有條河，後面有山坡，山坡上面死人多，死人變骨頭。小河裡有垃圾，垃圾流下游，不知如何，我不快樂，低頭唱悲歌！」以此嘲諷自己當時的窘境，也抒發心頭淡淡的哀傷。

我曾經問過母親，六個小孩中妳比較疼誰？她不諱言地回道：「手伸出來，五根手指頭都不一樣長，不一定公平，但是手心手背都是肉，一樣疼！」

記得身兼母職的第一天，因爲母親在家時的早餐菜色大多是稀飯配醬菜，我和弟妹決定到巷子口麵包店買吐司當早餐，藉此機會換換口味。當時鬆軟香濃三大塊連在一起的吐司條，看得口水直流——我突然想起母親先前交代自己要好好照顧弟妹，扒開吐司時，我刻意跟妹妹說：「弟弟年紀比較小，所以兩邊鼓鼓的給他，妳的凹一側，我的呢兩邊都凹陷！」妹妹點頭表示贊同。

那天，我和弟妹開心地笑著吃完那條吐司。長大後，我們每次提起這段回憶，雖然各自點滴在心頭，彼此總是露出暖暖的笑意。有時會想，年幼的我需要父母的愛，也曾經想跟他們索愛、討愛，可是當年每天被三餐生計逼著往前走的父母，又有誰來愛他們呢?!

喜歡用「江氏激將法」的老爸，在他離世後，我不斷回看至今的人生，對他的思念也特別深。

化心疼爲力量

升上國三那年，我終於和弟妹從雙溪搬到台北和家人團聚。然而，都市裡的生活並非想像中容易，當時母親接了很多家庭代工，每天下課後家裡就變成小型工廠，一綑綑的成衣、褲子，得修剪線頭，還有塡充娃娃、水彩顏料包裝等等，一家人經常得通宵達旦、趕工交貨，一切全爲了還債！

有一年寒假，我陪著母親一起去打掃家庭代工廠（通常是三樓半的建築），因爲我有一雙強而有力的手，便負責刷排油煙機和廚房流理台等吃重工作，刷完之後，就像連續打好幾場羽球賽，雙手痠到舉不起來；再勉強拖完地板的最後一塊地磚，只想趕緊回家休息。

沒想到，母親接著帶我來到廠房後頭，只見老闆從冰櫃箱用力拖出一包包的生排骨，順手往地上扔，這才發現代工廠老闆同時也是排骨批發商。當下眞的超傻眼——白天上班的疲累已讓我有些生氣，母親竟瞞著我，打掃完畢還要兼剁排骨，直到凌晨一點多才完成所有工作。事後我對母親抱怨：爲何要一口氣兼那麼

辛苦勞碌大半輩子的老媽，
現在經常與家人四處走看風景，這樣真的很好！

多工作？母親只是淡淡地回答：「秀貞仔……咱欠足濟親戚的會仔錢，要趕緊還，才袂乎人家看袂起！」

那時我眞的好恨倒會落跑的鄰居阿姨！看著母親瘦小的身形、那雙什麼工作都得做的手，我不僅覺得手痠，心頭更酸……沿著廢棄的鐵道，我們母女倆頂著夜晚冷風，帶著疲憊身軀緩緩走回家。當時我在心底告訴自己：有朝一日要改善現況，讓母親能過好日子。

縣長獎得主遭遇校園霸凌?!

剛從鄉下學校轉進台北某國中就讀時，眞有點像劉姥姥進大觀園，都市裡的班級學生簡直多到令人傻眼！當年雙溪國中一個學年頂多八個班級，沒想到新學校竟有四十個班級。身爲轉學生的我，爲了趕緊和同學們打成一片，有機會就盡量爲班上同學服務，舉凡幫忙訂午餐、到合作社領取飲料、或其他跑腿等大小瑣事，只要自己能勝任的就擔下來做，希望讓大家盡快熟悉我。

當時我從雙溪國中帶著體育優等的成績轉學，可惜並沒有太大的幫助，還是被編進了放牛班。唯一的好處是經常可領到四百元獎學金，因爲新學校的學業成績是以德、智、體、群、美五育均全計算。來自鄉下的我擁有一身好體力，反觀都市學生多數欠缺運動，光是體育成績我就能超越許多同學，也讓我每學期都能領到獎學金。

不過，大家也別因此以爲我頭腦簡單、四肢發達哩！我其他學科的表現也不差，只是同學的痛點都一樣——英、數、理化都不好，哈哈！沒想到國中畢業前夕，黑板上寫著畢業典禮上領獎者名單，我的名字竟出現在縣長獎位置，當下覺得莫名其妙，還特地跑去跟導師證實是否弄錯了。

後來經導師解釋：「學業總成績是國中三年一起累積下來計算的，前幾名同學的體育成績大多是丙等，而妳的體育分數是優等，其他學科分數大家都差不多，平均計算下來，縣長獎就屬妳的了。」我很清楚自己是從外地來的轉學生，班上有幾位同學對這樣計算成績的結果肯定感到很不滿，她們認爲我搶走了「地主獎項」。儘管當時我感到有些尷尬，卻無法改變任何事。

畢業典禮當天，我有些忐忑地領了縣長獎，不料卻帶來空前危機——

就在典禮完成後，我和住同一條街的風紀股長約好去買參考書，爲接下來的聯考做準備。從學校到書店所在的雙園街，需要經過一座公園，我們打算把獎狀和其他東西先拿回家，再搭公車去買書。兩人才走進公園沒多久，迎面而來的是一名鬈髮女子，她單放一隻腳在公園的椅子上，手上叼著菸，以不客氣、甚至有點兇的口吻說話，還把我和風紀股長攔住，不給過！我們表示不認識她，接著幾位班上的同學一起出現，將我們團團圍住。

這群女學生一開始責怪風紀股長經常在週記上打小報告，害她們被老師記點等等……接著，另一個同學大聲喊道：「江秀眞，妳憑什麼搶走我的縣長獎！妳是轉學生而已，我們卻拚了三年耶！」當下一頭霧水，心想這獎也不是我去搶的，是學校的制度計算來的。但是看她們一臉憤怒、情緒就要暴衝的模樣，情況眞得不太妙！於是將剛領到的縣長獎——一紙獎狀和一本厚厚的梁實秋英語辭典、一枝鋼筆——雙手奉上，滿臉誠意地要送給想要的同學，還說：「如果妳眞心想要，妳可以拿走，我不會介意！」

只是這或許不是她們預料中的答案，便又轉移話題，開始抱怨一堆在班上發生的事，擺明就是不放過我們，最後還準備出手打人。眼看風紀股長慘白的臉、嚇出一身汗，我見苗頭不對，趕緊拉著她的手，一路衝往公園旁的廟宇，打算向廟公求救。

沒想到班上女同學也跟著全衝進廟裡。廟公看著一群女生，只勸說：「有話好好講，不要打架。」我向廟公借電話，才拿起電話筒要按號碼，馬上被同學制止：「妳有種打看看！」我用力握緊話筒，執意要撥電話，這時對方突然揮過來一拳，並威嚇道：「妳敢打我就揍妳。」我以堅定的眼神擋在風紀股長前面，要她趕緊跟她爸爸通話。接下來，我們倆還是沒能逃過挨揍的命運，只是萬萬沒想到會在國中畢業當天遭逢這場「特別的體驗」。

後來，風紀股長打電話請她父親來接她回家。她平常在班上就已是一副弱不禁風的樣子，現在看來情況更慘，不僅呼吸急促，全身幾近癱軟。

這椿挨打事件過後，風紀股長的父親到學校向老師和訓導處報告事情始末。雖然已經畢業，但五專聯考安排在學校舉行，師生還有機會碰面，導師一見到我便說：「聽說妳那一天英勇協助同學脫困……」我笑笑地回應：「大家沒事就好！」

原本這件陳年往事早已從我記憶中抹去，只是近年來經常有學校傳出校園霸凌的新聞，才又想起當年發生在自己身上的霸凌事件。事件發生當時，我從未跟父母提過自己挨揍一事，因爲擔心沒有讀過多少書的他們，若要趕到學校面對飽讀詩書的師長們，可能會覺得一臉羞愧地不敢抬起頭來……想想，那會是我最難以承受的一幕。也許因著當年這樣的心思，在我踏入社會、慢慢懂事以後，便養成凡事盡量學習自己承擔，對父母也盡量採取報喜不報憂的態度。

第三章

攀登高峰的初心與夢想。

雪山，臺灣第二高峰，
海拔3,886M，位於臺灣雪山山脈中段，台中市與苗栗縣之間。

自從一九九五年登上聖母峰之後，時常有人問我：爲何如此熱愛登山，它到底有什麼樣的魅力吸引妳？獨自揹著那麼重的裝備、走那麼陡峭的山徑，有時碰上天候不佳，還搞得全身狼狽樣，爲何妳仍能樂在其中？

對於這類疑問，我的答案從來都沒變過：「因爲深藏在山裡的美景，只要看過一眼，所歷經的疲憊瞬間消失殆盡！而且這樣的經歷一輩子回味無窮。」

生命中的第一座臺灣百岳

我對山最初的喜愛，其實是來自童年時期看的卡通影片「小天使」——「啦啦啦啦啦嘟嘟、嘟嘟~啦啦啦啦嘟嘟、嘟嘟~高山上的小木屋，住著一個小女孩，她是一個小天使，美麗又可愛；她有一個好朋友，卻是一隻小山羊；每天都在……」這部卡通生動描述阿爾卑斯山春夏時節的綠草如茵，冬季飄雪紛飛時，宛如將森林、溪谷覆蓋上一件銀白雪衣——這對於從小生長在亞熱帶、頂多寒流來襲才偶有機會看到一點點雪景的人們來說，都是十足的震撼！當時小小年紀的我，便由此對雪景產生美好憧憬，夢想著有朝一日一定要登上山頂賞雪！

後來國中畢業、進入育達高職夜間部就讀的我，白天在一間不鏽鋼公司擔任工讀生，負責跑銀行兼總務工作。當時公司的丁總經理看我才十幾歲，一臉擔心地問：「妹妹，妳國中才剛畢業就出來工作，父母親也沒有陪妳來看工作性質、環境，難道不擔心妳被騙？代我回去問問他們可以嗎？」我便依照丁總經理的意思，回家問了母親。母親一派輕鬆且肯定地回答：「妳去甲丁總經理講，我將妳飼甲遮爾大漢，如果妳還毋捌代誌，我嘛無辦法~~」丁總經理聽了我的轉述，笑笑表示認同。

我在不鏽鋼公司的工作十分穩定，兩年後便晉升爲會計員，薪水也跟著調升不少。跟現在相比，那是一個肯努力、就不愁找不到工作機會的年代；只要我認眞付出，老闆看在眼裡也願意給予相對的回饋。只不過辦公室的內勤行政工作難免制式化，時間一久，我身上好動的細胞又開始蠢蠢欲動，因而開始接觸一些戶外活動，認識了許多山友，一有時間便相邀健行、登山、溯溪等等。

有一天，同課室的大姊姊要去爬玉山，當時我也想參加，卻因年紀還太小而無法成行。直到高二的寒假，我透過班代爭取參加救國團活動；當時救國團的寒暑假活動可是很夯的，一個班級只有五個名額，而我就在這一年參加了青年救國團的活動——雪山登峰隊，就此成爲我人生中第一座攀爬的臺灣百岳。

我想，當時我不僅圓了賞雪的美夢，更從此義無反顧地愛上雪白山峰！還記得首次攀登雪山，我們順利進駐三六九山莊，但天公一直不作美，連續下了三天大雪，整個登山隊伍足足被關了三天三夜，有些學員吵著要去登頂，救國團魯啦啦領隊和值星教官爲了安撫血氣方剛的青少年，便輪流帶活動撐場面，透過講故事讓大家靜下心來，學習如何按捺住脾氣、如何用欣賞的角度去領略周遭美景，來平撫壞天氣所引發的暴躁感。直到現在，我仍記得那時教官說的一席話：「山，像老婆，心情（天氣）不好就離她遠一點，心情好就多靠近一些！若強行去登頂，既沒有絕佳的視野，也會讓生命陷入危險！凡事留得青山在，不怕沒柴燒，尤其是登山這件事。」

難敵雪白山峰的呼喚

臺灣海拔三千公尺以上的高山約有二六八座，登山前輩們從山脈、地形、視野、方位等不同角度，選出其中具有特色的一百座，也就是一般所稱的臺灣百岳。其中，雪山海拔三八八六公尺，是臺灣第二高峰，它的地形地貌、登山步道、山屋位置等，都非常平易近人，可做為想登玉山或嚮往其他高山者的「適足」之處。

如果將步道分成三段，第一段從登山口一路爬升到指標約兩公里處有一座七卡山莊，繼續上升至指標五公里處就能抵達雪山東峰，海拔約三千一百公尺，總共五公里路；第二段由雪山東峰緩緩下坡到指標七公里處，便是三六九山莊；第

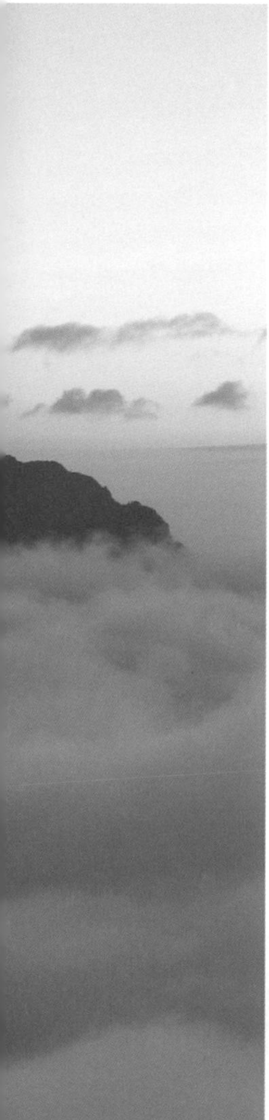

雪山變化萬千的雲海美景，總是讓人快門按不完。

三段則由三六九山莊緩坡上到圈谷，然後前往登頂折回。這樣的路線很適合國人做親近山林的深度之旅，就算在途中萌生打退堂鼓的念頭，至少都有安全的庇護點，而且武陵農場也在登山口附近。不過，初次接觸雪山的登山客，最好還是要有經驗的領隊帶領，尤其是黑森林紛亂路徑與午後雲霧籠罩的情況，很容易讓人迷路山林，陷入險境。

雪山的四季景致相當豐富——春天有杜鵑花海盛宴，若有機會走一趟，你會發現，原來自家的天然花園遠遠勝過外國的人工花園！特別是穿梭在雪山著名的黑森林裡，倘若你能放慢腳步，讓徐徐涼風親吻臉頰，將能迅速解除夏季平地的炎熱燜燒之苦，堪稱是都市熱島效應的最佳救贖地。此外，秋天的雪山並非只有楓紅，三千公尺的高山上早已有其他紅葉植物偷偷擴展勢力範圍，轡大花楸成為秋季主角，經常隨風舞動人心，紅透半邊天，映藍天襯白雲，搶下山友們最佳快門次數大獎；尤其在三六九山莊附近，大家總爲此美景駐留不走。冬季白雪皚皚，彷彿世界聖誕節到來，銀白山稜美不勝收。領略過雪山的一年四季，你將發現：臺灣高山環境與生態物種的豐富度眞是世界少有。

再度擦身而過的「奧運夢」

其實，在我進入登山領域之前，我始終沒忘記父親對我那「第一面金牌的刺激」。一直以來，我在學校的體育科目表現都很不錯，因此升上高二時，再度爭取進入學校的田徑隊與巧固球隊。

爲了兼顧工作與校隊的訓練時間，只好跟丁總經理商討能否讓我在公司上班時不午休，以交換提早下班來趕上校隊的訓練。丁總經理見我滿懷熱情，便很阿莎力地成全我的請求。

當時教練認爲中長距離的項目最容易拿牌，但前提是訓練過程非常辛苦，耐力與速度兩者並重。而對我來說，能夠進入學校田徑隊，有機會再次展現體育專長，才是最重要的，再困難的訓練我都會咬牙撐過。哥哥見我經常拿獎學金回家，也轉而認同地鼓勵我說：「妹仔，妳現在這樣也不錯，像是小河裡的大魚！競爭對象少，表現機會就多。好好加油！」

在我全心投入校隊訓練的那段時間，有幾次比賽成績優異，獲得保送體專的機會。可惜的是，當時家裡需要用錢，母親不斷勸說：「難得工作穩定，一個月有三萬多元的薪水（那是一九八九年，當時我十八歲），辭職太可惜了！」

面臨這樣的局面，說不難過、沮喪是騙人的。當時也曾想說活到十八歲，可以讓我任性一次，單純爲自己作選擇嗎？但只要想起那一夜和母親走在廢棄鐵道回家的路上，望著母親瘦削的身影，還有那雙接了多少工作、被磨得粗糙不堪的手……我想，家裡還需要我，我當下也因這樣的存在而幸福，不是嗎?!

四季林相豐富，
動、植物生動美妙又吸睛，讓人駐足流連。

美好事物，往往由傻子所創造

無緣前進奧運，幸好我還擁有登山夢！

高職畢業第二年，我進入業餘的登山團體，從登山的食、衣、住、行開始學起，並由登山前輩和業餘嚮導，一點一滴地傳授相關知識，進而成為實習嚮導。到了二十一歲那年，我正式取得嚮導證，開啓另一段登山人生。同一時間，也受到啓蒙老師王金榮的影響，對登山專業開始有更不同的認識與憧憬。

我因接觸登山活動較早，有緣結識許多登山前輩和山友，藉由各方的經驗和想法，帶領我走進一座座妙不可言的臺灣山林，從此將生活融入登山過程，循序漸進地認識山地文化，欣賞日出日落、山風雲海、青苔雪山等景致，四處攝影擷取當下之美，下山後再安排聚會，與同好分享交流。

一份穩定的正職工作，加上假日帶隊登山的業餘嚮導，原以為這就是我未來要過的自在生活吧！直到一九九五年，改變我這一生的機會悄然來臨——

「妹仔，不要去聖母峰，很危險！好啦，就算妳成功登頂，下了山，很快的，人家就把妳忘掉了。」有如父親般疼惜我的丁總經理有些不捨，更擔心世界高峰險境，會將眼前這個他看顧了八年的小女生給吞噬掉，一再苦口婆心、不斷地勸說我別去冒險。當時我斬釘截鐵地回答：「丁總經理，妹仔知道在您的翅膀底下能安逸過一輩子，但年輕就這麼一回，妹仔想趁此難得機會，去體驗不同的人生！」

爲了說服丁總經理，我寫了一封信，誠懇表達自己有多麼審愼與看重這個機會——「丁先生，您好！感謝您這八年來像父親一樣地照顧我，在您帶領的公司旗下上班絕對安全，可以無憂無慮過一生，但這世界實在太美妙，就算我傻，但我眞的想趁年輕有體力時走出去看看。不去，後悔一輩子！」

我不知道前方、未來會如何，但熱愛雪白山峰的熱情一直在胸前滾燙攪動著，越來越無法按捺。就這樣，我選擇暫別當年穩定高薪的工作，以及許多好同事，前往全世界登山者的朝聖地——珠穆朗瑪峰！

在我人生中的第一座臺灣百岳，再度獻上感動的一吻！

第四章

感謝珠穆朗瑪峰 成就我一生的勇敢。

世界第一高峰，海拔8,848M，
位於亞洲喜馬拉雅山脈，中國與尼泊爾邊界。

一九九五年，我第一次登上珠穆朗瑪峰。

爲了領略大山大水，我選擇面對高原種種的特殊環境，如乾燥、寒冷、烈陽、低壓、缺氧、咳嗽、流鼻血、皮膚乾裂、頭脹、呼吸困難，甚至是死亡的挑戰！

別人眼中的寒漠，卻是我心頭的珍寶

一般人可能不清楚，平地空氣中的氧氣濃度約二一％，而珠穆朗瑪峰頂的氧氣濃度卻只有七％。假如人沒有氧氣瓶輔助，直接坐飛機抵達珠峰峰頂，在數分鐘內便會休克，繼而死亡。因此，攀登珠峰必須經歷漫長時間的適應，才能在極低氧、低溫、低壓的環境中存活。

包括我在內，一群勇於追夢的年輕人，單純地想探索書本所描述的世界高峰，爲克服低溫、低壓、低氧的高原環境，必須日夜訓練，好讓自己能適應海拔八千公尺的嚴峻挑戰，順利通過人類死亡禁區的考驗，登上世界高峰，體悟不同的生命視野。

集訓一年半的時間，我們沒有厭倦，反而樂在其中，甚至躍躍欲試這樣的攀登過程。我想，我是被寬闊視野、心靈滿盈的種種因素所吸引，爲此辭掉高薪工作，自己卻一點也不後悔。在別人眼中的寒漠，卻是我心頭的珍寶，更是特別的生命體驗。總覺得能走在世界高峰上，說什麼都值得。

大開眼界的國際登山社區

那一年的攀登珠峰，我們選擇走北側路線（中國西藏），爲了讓隊員們獲得較好的高度適應，不直接搭機進入西藏的拉薩，而選擇從海拔較低的尼泊爾首都加德滿都入境，並停留在加德滿都一星期以採購物品及適應環境。

一來與雪巴協作員培養攀登默契，二來加強對大陸性高原氣候，以及海拔高度上升的適應力，結束以上活動再乘車，沿著中尼公路（China-Nepal Friendship Highway）邊界的柯達裡（Kodari），經過友誼橋，進入西藏的樟木與聶拉木縣，接著到海拔五二〇〇公尺的珠峰基地營（Everest Base Camp）。

糟糕的是，從臺灣出發後我就一路狂咳；直到五二〇〇公尺的珠峰基地營，咳嗽並未減緩，一度以爲患了高山肺水腫，在沒有醫療團隊同行的情況下，梁領隊只好尋求日本隊醫師協助。

臺灣隊營地距離日本營地有四百公尺，步行約四十分鐘。平地這樣的距離，是標準運動場一圈，走路頂多五至六分鐘，但在高海拔山區，因低壓、低氧環境，想快也快不了！等到你完全適應此海拔高度，至少要超過兩個星期。所幸醫生診斷：「只是喉嚨太乾燥，多吃糖來潤喉，便會好轉。」

第一次進入日本營地，眼前所見有如軍事作戰佈局，隊員個個正襟危坐，醫療、通訊等設備齊全，和一般人所想像的登山截然不同，眞是讓我大開眼界。

當地小孩、老人的笑容，雪巴堅毅的臉部線條，
加上質樸的景物，常讓我有「天、地、人」合一之感。

尤其在醫藥用品管理方面，由於擔心醫生在高海拔山區也會患上高山病，無法看診，所以出發前便將藥品分類、編號列表，讓隊員容易辨認。萬一醫生本身出現狀況，隊員也能自行用藥。更令人不可思議的是，據說日本隊甚至在珠峰基地營放探空氣球來預測高空氣象，可見國際登山已不再是土法煉鋼，而是走在時代尖端呢！

卡車與吉普車，可以直接開到五二〇〇公尺的珠峰基地營。世界各國的攀登隊爲登珠峰而來，像一個國際社區。隔壁是美國隊，走路幾分鐘就能到紐西蘭、澳洲，甚至俄羅斯，隊員們笑稱在此生活近兩個月，便能環遊世界！

越是疲勞，越需謹慎

從基地營到第一營佈滿冰磧石，必須來回好幾趟，生理才能適應。第一營到第二營是冰舌與冰塔區，若適應完畢，此處則變成一個過渡營地，供臨時狀況者停留。由此至六五〇〇公尺的前進營則需要走在一長串的冰川，經常伴有強烈風寒效應，可讓風鏡瞬間結冰，外露的頭髮像冬粉絲一樣雪白。在前進營活動數日後，就得前往七〇二八公尺的第四營，以取得更高海拔的適應與物資運補。

前進營至第四營，得先加穿冰爪。原本一雙四公斤的雙重靴，得套上約一公

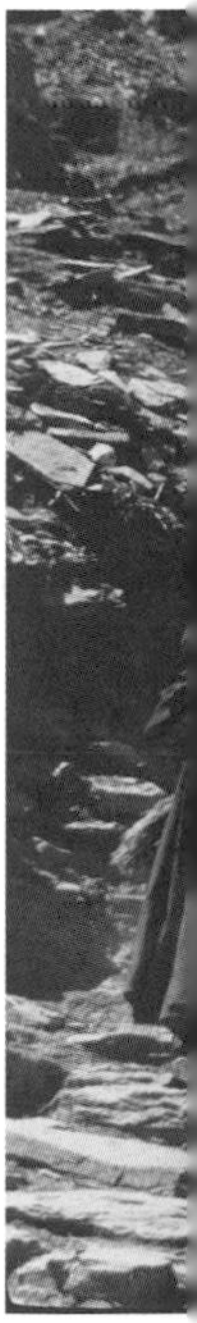

斤重的冰爪。接著越過暗藏裂隙的大片冰原，才能銜接冰壁起點。通常在此做短暫休息，調整裝備與步伐才一路上攀。從起攀點抬頭仰望冰壁，幾乎與天緊緊相連，看不到盡頭！這幾段近垂直的冰壁，約有五百公尺的落差，此地形地貌在臺灣可說從未見過。

第一趟物資運補由前進營至第四營，整整花七個小時，疲憊的我本以為能住第四營，沒想到放下物資才發現營地尚未建立。無奈轉頭下山，眼看就要抵達大冰原，卻因不小心拉到舊的登山繩，竟有半截被新雪深埋，三人一同卡在冰壁上，動彈不得。雖然最後得以解套，但這經驗給予我們很大的啓示和經驗學習——越是疲勞，越要謹慎，特別是在下山，體力消耗大半時，一不小心恐會墜崖。

安全抵達冰原，發現隊員小黑竟不見蹤影，藉著無線電呼叫，小黑回應：「正跟隨著前方的人下山。」大夥放眼望去，遠處除了小黑獨自沿著冰原走去，並無其他人。雪巴協作員趕緊前去接應，帶他回到正確的路線，後來才知道這是由於疲累所產生的幻覺。

我問他：「還好嗎？」他抱怨天黑了，看不見路。我回答：「怎麼會？天色雖然漸暗，我還看得見路啊！」一時也不知道他為何這麼說，最後拖著疲憊，終於回到前進營。

晚餐，梁領隊特別為大家準備道地的臺灣滷味，裡頭有滷肉、滷蛋、米輪仔，平常絕對讓人垂涎三尺，但我實在累斃了，一進營帳倒頭就睡，再美味的食物也叫不醒自己。隔天，小黑竟告訴我昨天他看不見路的原因是：離開冰原後，卻還戴著墨鏡，所以看什麼都是黑的。結果大家一聽，都笑翻了。

高山上的糗事一籮筐

第二次攀上第四營，速度變快，糗事卻發生在我身上。當時出發時間比平常早一小時，所以正常該做的生理狀況（上大號）一時無法完成。心想，途中有寬廣的冰原再行解決。來到冰原偏偏毫無「便意」，當人攀上第二段冰壁，這才「便意」全來，掛在冰壁上，無法著陸，上也不是，下也不是，該如何是好？

直覺往上攀，拿起冰斧用力砍冰，結果因爲用力，「大號」來得自動自發，幾秒鐘已裝滿褲子！幸好第四營就在眼前，找了一個不算隱密的隱密處，趕緊清理，隨手將運補物資交給同是運補的小黑帶進第四營，自己趕緊衝下山清洗，實在有夠糗！

另外一件有趣的事——梁領隊從臺灣處理補給回到珠峰基地營，很開心地爲隊員們帶來有關臺灣的報紙，包括刊登臺灣隊攀登的新聞消息。結果隊員興奮地將報紙攤開來看，赫然發現報紙已被剪成一個個框。

經查明原因，得知梁師母在家幫忙剪報收集，所以有關攀登隊的消息都被她剪走，變成一個空空的框。梁領隊當時急著從臺灣搭機返回西藏，沒注意這狀況就直接帶到基地營，讓大家笑到肚子痛！

經驗，需要虛心和耐心才能領受

來到首次住第四營的日子，一大早所有的隊員都瘋狂地向目的地移動，一下子就不見人影，落在最後頭的是攀登隊長塗武成（塗伯）和我。我跟隨著隊長的腳步，說緩慢嘛，卻有它一定的節奏，奇怪的是一點都不喘，偶爾還能說上幾句話。塗隊長一路耐心地教我如何調整步伐和速度，才能獲得較好的高度適應。

起初，我不明白這道理何在？過了一段時間，總算發現因爲海拔愈高，氧氣濃度愈低，每一回吸氣，需要足夠的時間與深度，氧氣才能完全供給體內使用；呼吸頻率太淺、太快，氧氣到不了深層，只在表面循環，長時間下來，容易造成過度換氣而導致體內缺氧，體能消耗更大。其他隊員雖然一路領先，可以先至營地休息，但速度太快容易造成高度適應不良、體能消耗和過度疲勞。

午後抵達第四營，早到的隊員已休息許久，甚至疲勞累癱，我卻沒有感到半點疲憊，能出帳篷挖雪、煮水，欣賞珠峰美麗的稜線。我想，這趟便是讓自己奠定未來在高度適應的關鍵。因此回顧這些年多次攀登，自己患高山病的機率眞的非常低。

大家常在私底下說：「老師傅吝於傳授經驗或技術給年輕人，年輕人總覺得，不傳就自己摸索，沒啥了不起！」但所謂經驗老道，哪是三、五天就學得來？老師傅也是學習了大半輩子，才累積豐厚的經驗啊！

❶海拔5200M，珠穆朗瑪峰大本營。
❷海拔6200M，珠穆朗瑪峰北側絨布冰川。
❸珠穆朗瑪峰北面大雪原。

有些知識或許師傅能傳，有些經驗卻不是說了馬上就能學會，而是必須親身經歷這過程，才能眞正體會。意氣風發的年輕人總會到處碰壁、重蹈覆轍；相對地，師傅願意傳授，學習者最需要的應該是虛心、耐心領教！經歷這次塗隊長的親自傳授，我才眞正明白其中的道理。

揹著來自臺灣的《心經》與滿滿的祝福

兩個月的海外攀登，有如從軍的阿兵哥，所有與外界的消息幾乎無從得知。恰巧在登頂前夕，梁領隊曾回臺灣補給裝備、糧食等，當時也順便呼籲隊員的親朋好友，以寫信、卡片等方式，爲我們即將登頂的行動集氣。梁領隊一回到基地營就像傳令官，唱名發給大家來自臺灣的祝福，我也收到非常多的書信、卡片，還有二姊寄來的流行歌曲卡帶。梁領隊指示：到第四營才能拆開來看！目的是作爲我們最佳的上攀動力。

揹著許多人的祝福，心情特別雀躍、期待。抵達第四營的下午，根本無心理會其他瑣事，急著要拆開每一封信和卡片，裡頭有梁師母和其他曾陪伴隊員訓練的親朋好友滿滿的祝福、家人寫來的信。其中有一封最特別的是我小學老師的親筆來信，拆開一看，竟是用毛筆和宣紙書寫的《般若波羅蜜多心經》，是老師爲我祈福，願我能順利登頂平安歸來。

我將經文朗誦一遍，很奇妙的，我非常喜歡這經文內容，雖還未能完全理解它的深奧之處，但每誦讀一回，就有鎮定心神之感。爾後我將它背誦下來，並在每次登山遭遇挫折、困境、心情煩躁時，便成爲助我渡過難關的最佳法寶。當時好感恩大家的祝福，看完那些信件、卡片，我不再擔心害怕，並告訴自己專注走好接下來的每一步。

一輩子難忘的雪地溫暖

重要日子終於到來，梁領隊告知所有隊員，沒能抵達第五營者都將失去登頂機會，由於我是此行唯一抵達第四營狀況最好的女性隊員，也是隊裡最年輕的一位。梁領隊覺得我在裝備、冰雪地形及實際環境的認識較生疏，且心理建設相對其他隊員稍有不足，令他憂心。但我滿是自信地向梁領隊表示，一定盡力達到目標，平安下山。

午後，我獨自準備著明天前往第五營的物資，走出帳篷要與其他隊員進行最後的總確認，眼角瞄到有個熟悉的身影，從第四營下方緩緩朝自己走來，再次確認，那不就是攀登隊長塗伯嗎？我興奮地招呼他，以爲他放心不下，要陪我們上去第五營。

原來是我們由前進營出發後沒多久，他就跟著慢慢爬上第四營，想必他一定累了，趕緊請他坐進營帳。接著，他語重心長地說：「再上去，就一路要往峰頂了，沿途的寒風會隨著海拔升高愈來愈冷，我知道妳中層保暖衣帶得不夠，便和梁領隊商量後，趕緊給妳送上來。」當下一聽，眼眶隨即盈滿熱淚。塗伯接著說：「這件雖然是舊了點，但保暖度還不錯！」邊說邊從背包掏出一件刷毛衣，看起來的確有點歷史，但很輕巧。至今我仍感恩塗隊長在我首登珠穆朗瑪峰時，親手遞上這份我一輩子都忘不了的溫暖，也讓我感悟到傳承的重要，並牢記這一代傳一代的深刻意義。

見珠峰一面，由老天揀選

由第四營上攀至第五營，海拔從七〇二八公尺攀高至七七九〇公尺，是段漫長的雪坡和無情的風口。一早出發，感覺攀爬很久很久，都走不到目的地第五營，心中嘀咕著，眞是自討苦吃！靠近風口，挺安靜的，不像上次被風追著猛打。前方雖雲霧繚繞，能見度還算可以。此刻就剩我一個女隊員，其他隊員、包括雪巴協作員都聚集在半山腰休息，吃乾糧、喝水，趁此回看第四營，帳篷已像火柴盒般的大小，愈近天空，感到人愈渺小。

這一路已有許多人因身體不適、受傷、體力不支等等因素，打退堂鼓。心想，能平安走到這兒，身體狀況沒有太多的不適，還眞不容易！難怪，經常聽長輩說：「能見珠峰一面，是老天揀選的。」既是如此，更要不斷告訴自己，一定得堅持下去！走久了總會到啊！而且這機會是老天給的，要好好把握。

雲湧至腳下，已上氣不接下氣，嚴重缺氧。望著前方的章子峰（Changtse），這高度像小飛機在天空飛往ト看的高度，仔細看高度計，發現原來已抵達第五營。我已累得不知「營帳門」的方向，搞了老半天，才順利進入營帳。天啊！眞的累翻到只想躺下來睡覺。當下覺得，這眞不是一般人所能做的事情。

海拔7790M，珠峰北面五號營。

前一晚，經無線電與基地營梁領隊通話，同時完成最後登頂名單，由於高地營資源有限，且八千公尺以上需全程使用氧氣瓶，也包含登頂後、下降到最後的第六營地晚上睡覺使用。種種考量，所以無法讓所有隊員一同登頂，最後決定由小黑與我，受派爲全隊代表接受任務，攀上最後營地——第六營。

登頂前的興奮與準備

早晨穿好裝備，戴上接有氧氣瓶的面罩，攀在小飛機飛行的高度。從第五營七七九○公尺上攀至第六營八三○○公尺，這是段冰雪混合地形。所謂冰雪混合地形，有冰雪的地方好操作，無冰雪的則是裸露岩石，冰爪刺不進去，固定不了，更危險！爲克服這樣的地形，我們曾在臺灣的東北角龍洞海岸，以泥土與岩石模擬冰雪岩混合，實際操作就不陌生。

一出發，我因爲吸不到氧氣而感到痛苦難耐，愈走愈慢，趕緊通報基地營梁領隊，透過無線電回報，雪巴協作員這才趕緊檢查氧氣面罩，發現是氧氣瓶調整器故障，更換完畢後順利續攀。環顧四周，通往第六營的稜線就只剩手上這條固定繩與我，雪巴協作員想趕緊建立好第六營，速度飛快，一下子便不見人影。仰頭看天，山勢漸陡呈錐狀，蒼穹之下，變得渺小。

午後順利抵達第六營位置，看見雪巴協作員正設法在斜坡上架營帳，用雪鏟以挖東牆、補西牆的方式，整出勉強可容納兩個營帳的平臺，我們也加入幫忙搭好帳篷。八三〇〇公尺的第六營，爲一大片碎石所構成的斜坡。眼前霧漫四周，卻隱約能見附近散亂的舊帳篷、繩索、塑膠袋等垃圾，據說有幾具前人屍體暴露其中。我不去想這些事，催促自己趕緊準備進食與休息，午夜我們將離開此處，邁向峰頂。

再次透過無線電，完成與梁領隊最後通話，預計午夜十二時，從八三〇〇公尺的第六營出發，前往登頂珠峰，夜晚必須吸氧睡覺。小黑說他興奮得睡不著，我則沉沉睡去，直到無線電傳來死命的呼叫，才由睡夢中驚醒。梁領隊說：「十二時應該要出發，怎麼毫無動靜呢？」我和小黑驚覺不對，趕緊起身，匆忙穿好裝備。

最後，好不容易才套上那雙已被凍僵的雙重靴，走向對面營帳，叫醒三名還在睡覺的雪巴協作員。原來雪巴協作員還停留在尼泊爾時間，尼泊爾和西藏時差有兩小時十五分，按照雪巴協作員的午夜十二點，正是西藏凌晨兩點十五分，難怪他們毫無動靜。

出發前，走起路來總覺得怪怪的，坐在營帳門口檢查一番，發現我竟把雙重靴給穿錯腳。由於兩隻鞋形太相似，日後爲不重蹈覆轍，便將鞋子標上左、右腳的字樣。幸好沒有太多耽擱，一切備妥，終於踏上登頂之路。

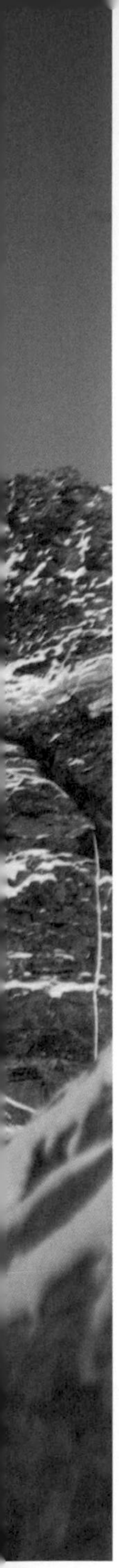

久仰大名！我親愛的珠穆朗瑪峰

曙光搭著黎明的肩膀，瞬間將山腳下的冰山、冰河以魔術般呈現眼前，費了一番功夫，才攀越路線上著名的「第二臺階」，漫步在最後稜線，就要和珠峰見面！興奮與莫名感動一擁而上，雖知攀登珠峰的死亡率爲三分之一，當下卻感受不到她有任何威脅性。

經歷無數風雪、汗水，幾度血淚交織、磨練和期盼，終於在五月十二日十一時四十三分來到她的面前。跟隨著雪巴明瑪的腳步，緩緩走上山頂，此時此刻，我好像體會到宇航員阿姆斯壯登上月球那一小步的心中喜悅！儘管月球和珠穆朗瑪峰的實體不能相比，但登上珠峰的最後幾步，就是這種感覺！初次站在世界頂峰，沒有太多遐想，只顧著傻傻拍照，吃了雪巴田津遞給我的餅乾和一杯橘子水，便趕緊下山。

珠峰地區日落約下午七點三十分，許多登山者會在「攀登時間點」產生迷失。以往人們登山或生活習慣，通常會以日出日落做爲活動和休息標的，忽略了午夜到日落前，其實時間已悄悄過了二十個小時，體能在死亡禁區肯定被掏空，下山便容易發生山難事故，才會有「過午不登頂」的登山警語。何況午後天氣變化大，加上體能消耗大半，容易出現精神鬆懈、下坡腿軟等難以操控的因素。

❶ 海拔8700M，珠穆朗瑪峰北面第二臺階。
❷ 1995年首度登頂珠穆朗瑪峰。

下山，才是眞正的挑戰

下午五時十五分，順利回到第六營，只見後到的小黑一臉慘白，蹲在營帳旁，還來不及問他怎麼了，他已吐得唏哩嘩啦！我趕緊以無線電回報基地營的梁領隊，他指示：「所有人立即下降至七七九〇公尺的第五營！」理由是登頂下山，過夜盡可能低於海拔八千公尺，這樣相對安全。

經雪巴明瑪再次確認隊員狀況，驚覺小黑的氧氣瓶已經全空了。梁領隊詢問我的狀況如何？我回答還行。於是將身上僅剩的半瓶氧氣，拔下來給小黑下山使用。其實下山路，反而比上山更需用氧，因爲體能消耗殆盡、精神鬆懈、腦部恍惚、動作遲緩……隨時都有可能發生危險。但此時小黑的狀況比我更需要用氧，自己唯一能做的是集中精神，走好每一步，才能安全回家。

由黃昏進入黑夜只在一瞬間，周遭雲霧迅速籠罩。我們下撤的行程比原定計畫多一個營地，聽來也沒什麼大不了，只是沒想到走了一段路之後，竟會這麼累！一路上迷惘和無助頻頻來襲，沒有氧氣瓶輔助下山讓我全身無力，有如被支解的四肢，漸感力不從心。

體能隨著黃昏餘暉不斷流失，寒氣如黑夜來襲般侵蝕全身，僅存的意志力，不斷被它們拐跑，這輩子長這麼大，從沒這麼疲累過！我沉重的雙腳，硬拖著疲憊身軀，超緩慢地行進。下山路上，梁領隊在無線電裡說：「已請另外兩名雪巴

從西藏・加烏拉山口望向珠穆朗瑪峰。

協作員從第五營上來接應。」我信以爲眞，精神馬上振奮起來。但過了許久，卻連個人影也沒有，自覺像在原地踏步。

雪巴田津在我耳畔說：「只剩最後三百公尺了，請加油！」我卻已無餘力，像喝醉酒似的苦撐，直到距離第五營一百公尺處，終於看見前方，有個人影搖搖晃晃向我走近，他微笑地露出讓人感到親切的大鋼牙。我記得他，是雪巴嘎明！他趕緊接下我的背包，忽然感到全身放鬆。

十公斤的背包在平地確實不算什麼，但在這個海拔高度卻有三十公斤的重量。在海拔八千公尺上，爬坡一百公尺的距離，須步行一個多小時呢！先前雪巴嘎明遲遲沒來接應，是因爲雪巴們也患了高山病，所以待在第五營休息。

眼前是帳篷嗎？就剩幾公尺了，怎麼兩腿癱軟，就是走不到呢？最後我用盡全力爬進帳篷。歷經十九個小時，得知自己暫獲安全，淚流滿面地回報基地營，並在換穿衣物、襪子後立馬沉沉睡去。

之後回到現實生活，每遇挫折、困境，我總以攀登珠峰經驗爲目標，來激勵自己向前邁進。相較於攀登崇山峻嶺，平地困境便顯得微不足道。

感謝珠峰成就我一生的勇敢！

第五章

與其看人臉色吃飯，不如看天吃飯。

梅峰農場，海拔900～2,700M，位於臺灣中央山脈、南投縣仁愛鄉。

世界第一位登頂珠穆朗瑪峰的登山家——艾德蒙．希拉瑞爵士生前曾表示：這一生最有意義的事既非征服世界巔峰，亦非踏上地球極點，而是協助改善雪巴人的生活，以及保護喜馬拉雅山區的環境與文化。

就一輩子當登山嚮導嗎？

第一次完攀珠穆朗瑪峰回國後，一切似乎慢慢歸於平淡。誠如丁總經理當年提醒我的話：「媒體效應幾天就過了，很快就得回歸現實面！」那段時間沒有固定工作的我，只是放鬆心情在臺灣四處遊走將近半年，期許從中找到工作靈感。然而，一切並沒有想像中順利。我倚靠著登過珠穆朗瑪峰的小小名氣，以及先前取得的登山嚮導執照帶隊登玉山，一個月至少四趟，可以賺點生活所需。

有人選擇與書爲友，因爲它沒有負擔，你可以隨時放下，轉身離開。對我來說，我的人生似乎無法遠離山林，更不可能放下它。

從第一次爬雪山至今，我因爲投入山林的懷抱，有幸結交了許多國內外的山友，其中和一位陳姓山友的互動，至今感念猶深。在某次帶隊中，我與陳大哥結識，當時他的年紀已不小，仍一心想登上玉山主峰。可惜第一次並未成功登頂，甚至累壞了，心情十分沮喪。我一路在後押隊陪著他慢慢走，不斷鼓勵他，並與他分享許多登山經驗。

後來他接受我的建議，以循序漸進的方式，每天練習由慢走到快走，最後轉而慢跑。在一年持續不斷的練習後，當他終於站在玉山峰頂，不禁激動到放聲大哭。看到這個畫面，我心中也深感佩服。陳大哥因爲擁有不放棄的勇氣，才能化不可能爲可能，眞誠的淚水實在令人感動難忘！

我們在下山閒聊時，陳大哥說：「秀眞啊……妳要一輩子當嚮導嗎？會很辛苦喔！而且人會老，體能慢慢下降，就像我一樣。妳有沒有考慮再進修呢？」這樣的問題讓我的腦子忽然停頓。

是啊！當年高職畢業後，雖然曾報考大學體育系，但因種種生活因素考量，未能順利就讀。時光匆匆飛逝，轉眼又過了四年。登山嚮導是我所熟悉的工作，經常能與美麗的山林爲伍，日子過得也算愜意。但是，我眞心對於這樣的生活方式感到滿足嗎？

認眞思索一番後，我回答陳大哥：「登山嚮導確實不能當一輩子。」並進一步表明自己曾想到日本登山學校進修，不過礙於語言和學費，遲遲沒有往前踏出第一步。世事閱歷頗豐的陳大哥聽了，鼓勵我：想充實自己一定要繼續求學、增進相關知識，但不一定得到國外進修，先從國內慢慢建立基礎也是一種選項。

夢想這條路，從來就不簡單

從十五歲踏入社會至二十四歲登頂珠穆朗瑪峰的歲月裡，在面臨學業、人生抉擇之際，我總是以幫忙母親分擔債務爲優先考量；這十年來，即使見識過無數次人間冷暖，我心裡始終有個單純想法，就是——與其看人臉色吃飯，不如看天吃飯。

這個念頭也促使我想當農夫，農業科技學校成爲我的第一志願。但爲了參加跨領域考試，表示自己得比別人花更多時間準備農業相關科目，因此又蹲了一年的補習班。那時政府提倡上班族周休二日政策，我便讓自己周休五日、安心進補習班上課，密集準備考試科目，周末假日則擔任嚮導帶隊登玉山，勉強可維持每個月的生活開銷。

在考上嘉義農專那一天，除了感謝老天爺疼惜之外，我最開心的竟是可以離開喧囂嘈雜的臺北市區，前往相對靜謐一些的新城市，展開另一階段的新生活。我帶著僅有的日幣積蓄前往新學校註冊（當時約合台幣兩萬元），這是原本爲了受邀參加日本登山環境會議所準備的旅費，後來行程取消，索性將這筆錢和經常出差日本的姊夫換成台幣，以度過第一學期註冊費這一關。

初抵嘉義市，人生地不熟，工作機會不容易找到，爲節省生活開支，只好暫時借住嘉義大林鎮朋友家半年。到了下學期，爲減省夜校生活來回奔波的時間，便搬到嘉義市區和同學分租套房，但身上所有的積蓄也瀕臨見底。

某日下午，發現身上竟只剩下五十元硬幣，心情之無奈以及對未來的茫然全鎖在眉宇之間，於是和同班同學秋貴相約到仁義潭散心。當時我們倆算是同病相憐，途中還到超商買了一條巧克力麵包和一包香菸。其實我到現在都還不會抽菸，只是想模仿電視或電影劇中人在心情鬱卒時，手指總會夾根菸，點燃菸，看著煙圈裊裊而上，以排解愁緒的情境。就這樣，兩個女生靜靜望著煙圈，一邊分食最後一條麵包。那是第一次，我深刻感到連退路都沒有了。

早在小學六年級的寒、暑假，我便開始打工。從那時起，我通常只有拿錢回家貼補家用，從未向家裡伸手要過錢。習慣一旦養成，實在很難低下頭來跟父母親要錢。最後迫不得已，只好先向小妹借錢繳學費。後來哥哥傳來訊息，說他軍中的同袍友人在當地經營登山用品店，剛好缺一名店員，讓我前去應徵，心頭頓時一振。

直到現在，我仍十分感念黎陽登山用品店的羅老闆當年對我伸出援手，不僅給了我足以溫飽的工作，還有機會學習登山裝備的相關知識。工作了兩年多，因舊識新友紛紛來店裡邀約登山或擔任嚮導工作，三天兩頭就得請假，覺得對羅老闆不好意思，因此決定辭職，再度投入專職嚮導的領域。

在登山用品店上班期間，早起的我就趁上班前到救國團學日文，希望有朝一日可以到日本登山學校就讀。而在學日文這段期間也認識了同學侖娜，兩人十分投緣，進而成為好朋友。接著後面幾年，伶娜的母親覺得我一人隻身在外讀書、工作很辛苦，家裡剛好有空房間，便邀我搬去和他們同住，視為家人一般疼愛。有他們一家人的協助，我在學業與工作方面都漸漸順利起來。

紐西蘭遊學，欣逢國際知名登山家

一九九九年，在完成嘉義農專的學業後，經由導師鼓勵，我和幾位同學相邀參加插大考試；儘管錄取名額只有兩名，我還是努力嘗試，希望有機會在學業方面更上一層樓。

插大考試後，哥哥剛好從軍中退伍，我便邀他參加中華山岳主辦的中央山脈大縱走。縱走期間，天氣一直來擾亂，整個暑假只有幾天放晴，走完南二段先行下山，再接上卓社大山，但因哥哥的腳受傷，隊長勸我們退出縱走行程。此時恰巧好友伶娜來電，提及由她照顧病榻十年的外婆已過世，趁此機會，她想到紐西蘭遊學和散心；而為了讓她母親放心，便邀我同行。

對於人生中的每一次際遇，不論是老天給我的禮物，抑或是考驗，我都選擇勇敢面對，並盡力掌握。

前往紐西蘭遊學三個半月期間，沒想到九月二十一日這天驚傳臺灣發生大地震的訊息。當時，在紐西蘭短期語言學校就讀的臺灣遊學生一看見相關新聞，頓時淚流滿面、驚慌失措，學校唯一的國際公共電話亭擠滿要打電話回臺灣的同學，期盼趕緊得知家人的消息。我則是回到寄宿家庭，Homestay的爸爸媽媽要我趕緊打國際電話回家確認情況，這才感覺事態嚴重。經過許久，電話終於撥通，幸好家人朋友都平安無事，並要我和伶娜放心，等遊學期滿再回臺灣。

三個半月的紐西蘭遊學時光既充實又快樂，留下許多難忘的回憶，尤其是有幸拜訪世界第一位登頂珠穆朗瑪峰的登山家——艾德蒙．希拉瑞爵士。

據說希拉瑞爵士平時不太見客，連媒體記者都經常被拒於門外。當時是透過Homestay爸爸的精心安排，由他寫信說動爵士的。那一天由Homestay媽媽陪我去拜訪爵士，在我心目中，爵士一直是世界登山史上的傳奇人物，平常只能在書中或世界地理雜誌拜讀有關他的一切，此刻竟要真真實實出現在自己面前，內心之澎湃洶湧，簡直讓我覺得像在做夢一般，太不可思議啦！

直到現在，我仍清楚記得他親自與我見面握手的那一刻，身上透出一股寬闊的能量，靠近他便能感受到——這應該就像佛說的「加持」！短暫的會面，有幸與希拉瑞爵士於花園合影，留下我生命中珍貴難忘的一刻！

二〇〇八年一月十一日，艾德蒙．希拉瑞爵士於紐西蘭奧克蘭家中過世，他生前曾表示，這一生最有意義的事既非征服世界巔峰，亦非踏上地球極點，而是協助改善雪巴人的生活，以及保護喜馬拉雅山區的環境與文化。當時紐西蘭總理克拉克女士表示：「希拉瑞是英雄人物，不但征服了珠穆朗瑪峰，終其一生更充分展現

❶ 1999年與世界第一位登頂珠穆朗瑪峰的艾德蒙·希拉瑞爵士合影。

❷ 在紐西蘭遊學期間，Homestay爸媽的善心照料讓我至今難忘。

決心、人道和慷慨大度。」有希拉瑞爵士的典範加持，或許我今生無法向爵士一樣做大事，但求學習他偉大的胸襟，發揮自己所學，盡力協助這個社會所需。

此外，這段紐西蘭遊學歲月也讓我累積更優的英語實力，變得勇於表達，文法也比以前熟悉；回到臺灣後順利考取嘉義技術學院。而這次填寫志願，我的目標更加明確，毫不猶豫就填上森林系，而且是日間部，這是我進入少女時代以來，首次擺脫夜晚上課的疲累，體驗當個正常日校學生的幸福喔！

帶我走進梅峰的「生命小飛俠一號：阿伯」

清涼微風森林海，金黃舞動紅磚牆，遠處奇萊雪白眉，伴月坡上桃李來……將近三年的梅峰歲月，可說是老天賞給我這一生中最美妙的時光，也讓我第一次與合歡群峰、奇萊連峰如此靠近，共譜這段梅峰回想曲。

說來這一切都要感謝我的大學同學「阿伯」——這是取自他名字「博文」的諧音，我還曾因爲這個綽號讓自己糗大哩！有一天，我打電話去阿博家找他，以爲是他本尊接電話，脫口就叫出一句：「死阿伯！」沒想到電話另一頭竟是博文的爸爸接的電話，「正港ㄟ阿伯」回說：「博文在樓上，我叫他來聽電話，麻煩妳等一下。」我連忙說：「阿伯歹勢啦……」幸好大家都熟識，否則誤會就大了。

博文和我是就讀嘉義大學森林系（技術學院部）的同學，當時他先進梅峰

農場工作。一個月後，我突然接到他的電話：「姊ㄚ！姊ㄚ！緊來啦！遮足適合妳ㄟ！」就因爲這句話，我有幸進入梅峰工作。博文那時還簡單說明梅峰農場的工作內容：「這兒培育的是溫帶花卉與果樹，平時要作生態解說導覽，沒有帶營隊解說時，需做田間工作，除草、整理園區展場、培育樹苗等……」還沒聽完全部，我的心早已飛到梅峰啦！

工作與興趣巧妙結合的幸福人生

梅峰位於海拔二一〇〇公尺的高山上，屬於臺灣的霧林帶區，氣候涼爽，正適合怕熱的我。一年四季百花綻放、綠意盎然、果實豐收，還有白雪皚皚的景致。而且這裡臥虎藏龍，各類解說員都身懷絕技，只要是天上飛的，找解說員阿雄準沒錯；地上爬的，當然就非解說員小魚莫屬……頓時讓我萌生一心一意想在此終老的念頭，有如大樹的種子當下深埋在這人間的天堂。

梅峰還有一種特殊的人文氣質，我們稱之爲「梅峰精神」，它存在於每位穿著雨鞋的解說員身上，特愛偏僻山區、交通不便、原始自然等嗜好。最令人傻眼的是，穿上雨鞋哪兒都能去，下山採購、上山採果、解說導覽樣樣行，彷彿穿上雨鞋就變得很強，一雙就能凸全山區好幾年呢！還有Sama阿姊這位曼妙的山中奇女子，她可是穿了雨鞋仍能散發濃濃女人味的解說員喔！

Sama阿姊還有位多年好友——石鈴老師，也是梅峰傳說中的神奇畫畫老師，在梅峰解說手冊裡出現的大自然花草樹木，很多就是出自她的畫筆，清淡不膩的色彩，將原始的味道、栩栩如生地呈現出來。

梅峰屬於台大山地農場之一，另一農場是「春陽」，名字跟梅峰一樣都很美。春陽場海拔約一二〇〇公尺，位在霧社附近。我在梅峰工作兩年多之後，因春陽場的林大哥提出一名解說員人力需求，我自願前往，住宿被分配在辦公室旁邊的宿舍；屋子雖舊，但有一扇大窗戶，讓美麗的陽光不時來造訪。內部的陳設經過我用力的整理——小客廳內的桌子、椅子都自己動手做，將破舊不堪的廁所加以美化，一切靈感來自於小時候看的卡通影片「小英的故事」——也變成舒適的住家。

春陽場不同於梅峰，其主軸是蔬菜、農作物的培育等。由於海拔不同，物種、林相、鳥類生態就不同。那時還參與合歡山地被植物復育，解說員阿雄賦予我一個重任，要將採集的種子、發芽的幼苗畫成圖檔。起初，我對這些細微的植物構造產生反感，因爲實在太微小，需要用放大鏡來觀看，看得我眼睛都快「脫窗」了，還不見得能清楚畫下它們。這也讓我深深體會到：果眞是一花一世界，一沙一天國，自然萬物各有其巧妙，沒有想像中容易啊！

那時候，我經常是一張書桌、一盞燈畫到午夜。也可想而知，以前的博學或植物學家，他們一定是廢寢忘食、日以繼夜，一點一滴地累積，才有當今的標本

在梅峰，真的是一花一天國啊！
這世外桃源般的美景，總在我腦海中縈繞不去。

及文史資料收藏。自己也不過畫個一、二十種，怎麼就垂頭喪氣呢！大約有半年時間，我索性將自己當成古代博學家，細細地觀察，穩穩畫出每一張圖，就此培養穩定心境與耐性。

教我堅持夢想的「生命小飛俠二號：阿雄」

在梅峰將近三年的時間，我做著帶隊導覽解說、園區維護、臺灣原生樹木的育苗及繪圖、森林資源調查等工作，過著日出而做、日落而息的平淡卻滿足的生活，就算輪到休假日，也不太願意下山去碰觸喧擾。正所謂「無求養就平常心，淡泊修得隨緣性」的快樂自在。

如果人間有天堂，我想，我會毫不考慮地回答：就在梅峰！因爲我去過，而且住過那裡。天堂入口處就在台十四線、十四．五K處，一年四季變化無窮，春花、夏果、秋收、冬雪，隨山區季節明顯轉換，彷彿陶淵明的《桃花源記》，讓人一進入，好想迷路一輩子，不願出來。

直到有一天，梅峰同事阿雄突然跑來興奮地對我說：「江仔、江仔！玉山國家公園在招考巡山員，而且不限男性、不限原住民喔！這最適合妳啦！」我聽了，只是冷冷地回他：「是喔……可是我在這裡很好啊！想做到退休哩。每天蟲鳴鳥叫、山高水長，滿足的神情，映在臉龐。」阿雄一聽，露出一臉驚訝又帶有

點生氣的表情說：「蝦米?!如果妳只是想在這裡退休，我不相信妳是爬過聖母峰的人！爬過聖母峰的人，應該比其他人更具有生命勇氣才對。」這話一出，宛如當頭棒喝，狠狠敲醒了我。

我不禁反問自己：安適的生活，是否已侵蝕掉原來的夢想？否則怎會失去這一路由艱困中所建立的築夢鬥志呢？

阿雄的一席話，讓我再次覺醒，並克服萬難成爲玉山國家公園第一位女巡山員。至今，我仍萬分感謝阿雄當年的鼓勵，因爲有他那張義憤塡膺臉龐的提醒，我才有機會登上世界七大洲最高峰，再接再厲，拓展更寬廣的因緣和視野！

第六章

像家一樣溫暖存在的玉山。

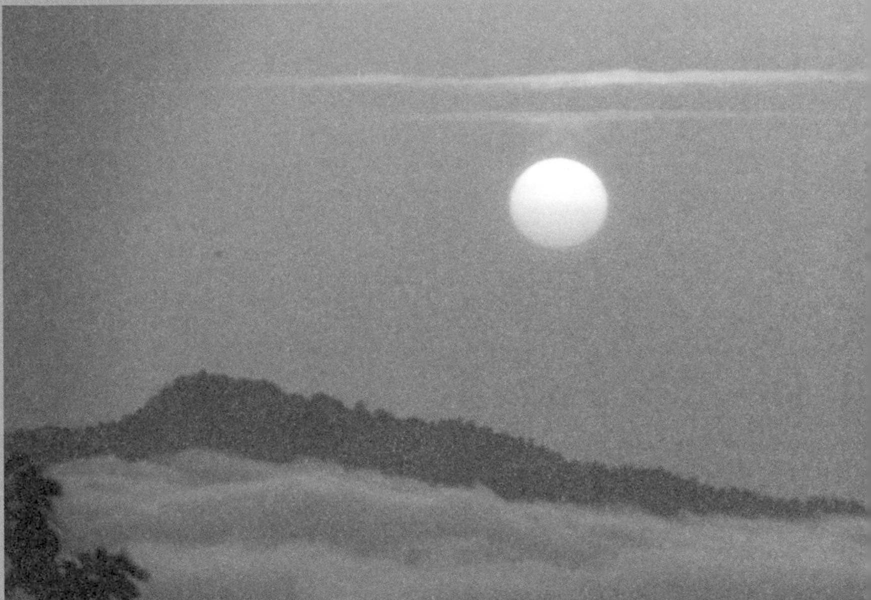

玉山，臺灣第一高峰，海拔3,952M，
位於臺灣南投縣、高雄市、嘉義縣與花蓮縣的交界處。

二〇〇五年春天，離開我的人間天堂——梅峰後，幸運考取玉山國家公園保育巡查員一職，心中的歡喜自是難以形容。以前登玉山，經常路過管理處和塔塔加管理站，從未想過自己能來此上班，而且工作區域就在臺灣最高峰的玉山，如此美好環境，對於畢業於國立嘉義大學森林系的自己，覺得再適合不過了。

能在山裡工作，比什麼都幸福快樂

還記得任職的第一天，我獨自開著手排檔四輪傳動廂型車，沿著蜿蜒的新中橫公路，緩緩爬升，公路兩旁滿布的新綠令我尖叫：「久違了，大家！你們都好嗎？」感覺每一棵樹都和我一樣開心，從車後照鏡看到自己喜悅的臉龐，就像找到回家的路，熟悉且溫暖。

以前上玉山純粹是為了登山，此刻能長住下來，有點像在作夢，卻又如此眞實。想著想著……已經抵達玉山山腰——塔塔加鞍部。我依循指標，將車駛進遊客中心後方停車場，再走進辦公室辦理報到。這時沿途的美麗風景已被關在門外，全新環境映入眼簾，看來我得花上一段時間才能適應。

尤其成為玉山國家公園唯一的女性巡山員，想要與原住民大哥們打成一片，著實不容易。所幸歷任主管為了讓我早些適應山裡生活、工作倫理等等，不因女性而有任何差別待遇，採取一視同仁的態度，讓我從中獲得扎實的專業知識、體

玉山堪稱臺灣人心目中的聖山，更是登山愛好者一生中必定攀登的標的之一。

膺磨練、原民文化。儘管離開同樣是山區工作的梅峰農場仍感極爲不捨，但初識玉山周邊的工作環境後，發現這裡反倒與自己的興趣更爲貼近。

玉山對原住民傳統文化的重要性，絕非短時間內能夠明瞭，尤其山中生活的智慧，在他們身上是渾然天成。爾後我透過工作接觸與察覺，在不知不覺中也感染了他們樂天開朗的眞性情。撇開對登山的熱情不說，能在山裡工作，更讓我感到無比幸福快樂！

不試，妳怎知不行！——「生命小飛俠三號：鄒媽媽」

二〇〇五年底，歐都納七頂峰活動正式對外招募隊員，在登山界朋友的鼓勵下，我參加了甄選。自從一九九五年第一次登上珠穆朗瑪峰，就再沒有機會接觸海外攀登活動。一方面是因一九九六年由高銘和先生所領軍的臺灣珠峰遠征隊，於南側路線發生國際登山史上的重大山難事件，當時十幾位國際知名登山家、嚮導等，因登頂珠峰而延誤下山時間，途中慘遭暴風雪襲擊而不幸罹難。高銘和先生雖幸運存活下來，卻因凍傷而造成多處截肢；此外，同行隊員陳玉男於攀登過程中不慎墜落，傷重不治。

整起山難事件，間接造成臺灣社會對海外攀登的負面觀感，遠遠超過勇於挑戰世界高峰的精神，更使臺灣海外攀登活動停擺近十年。海外遠征活動需要龐大經費，在臺灣多半是向民間企業或基金會募款，如果攀登活動沒有成功，形象受損，又落得傷亡慘重，這絕非贊助者與登山界所樂見。願意捐款者少，活動便無法成行。

然而，歐都納公司程鯤董事長從小隨雙親登山、戶外探索，對臺灣土地的情感深厚，始終未變，並期盼事業有成後，能致力於臺灣登山活動與世界接軌。而這一天總算來臨！他不惜砸下重金，舉辦世界七頂峰活動來鼓勵青年挑戰自我，勇敢探索世界。

在考取玉山國家公園約雇保育巡查員一職的同年，我也考上嘉義大學森林系在職碩士專班，以及七頂峰正選隊員。雖然心裡對學業、工作都有所斬獲感到開心，但所有事情一下子全集中在此刻，也讓我心中無限猶豫：該如何選擇？該往何處走？老天這一回的考驗，令我滿心煩惱。反覆思慮後，終於拿定主意——打算先辭掉工作、放棄攻讀碩士專班，以專心參與世界七大洲最高峰攀登爲優先考量。

心裡這樣打定主意，卻仍有些猶豫不決。就在這時，我巧遇在塔塔加遊客中心擔任解說志工老師的鄒媽媽，她發現我的煩憂，當下便向她訴說自己難以抉擇的情況。年近七十的鄒媽媽，有著豐富人生歷練與滿腹經綸的文化水準，她中肯地建議我：「先找工作單位的主管商量，再找研究所的教授說明，然後盡力參加訓練，這不是很完美嗎？」

在這之前，我總認爲「魚與熊掌不可兼得」，但鄒媽媽認爲：「秀眞，這是

「不試，妳怎知不行！」這句話促使我極力爭取、兼顧巡山員工作、就讀碩士班，以及參與世界七大洲最高峰的攀登活動，還有後來加入的演講旅行。（攝於奇萊山）

好事啊！對個人、工作崗位或國家社會，都是正面的好事，並非每個人都能夠兼顧，但就鄒媽媽對妳的認識，相信妳一定能辦到！」

的確，誠如鄒媽媽的建議：「不試，妳怎知不行！」這句話促使我極力爭取兼顧這三大職——巡山員工作、就讀碩士班，以及參與世界七大洲最高峰的攀登活動，還有後來加入的演講旅行。

辛苦，但不曾後悔

如今，我想對鄒媽媽說：「謝謝您！鄒媽媽。爬七頂峰這三年半的日子，雖讓自己辛苦、痛苦到極點，甚至差點把命給丟了，但秀眞不曾後悔。這精彩的生命歷程，足夠豐富我一輩子。」

二〇〇六至二〇〇九年期間，我藉由

臺灣的山林地形既豐富又獨特，是未來登山教育可以好好規畫、善用的寶藏。

參與民間與公部門合作的海外遠征活動，試圖將臺灣登山運動與國際接軌。這一路走來，最要感恩長官與同仁們的支持、包容與鼓勵，讓我能專注於海外登山專業學習。

玉山就像家一樣，每一次進出玉山大門，總帶著長官的叮嚀與同仁的關心，大家都說：「一切以安全爲重，千萬不要太勉強。」每次見到大家，總會被問：「這次是第幾座啦？在哪一洲啊？海拔多高？危不危險……」千叮嚀萬交代，充滿溫馨關懷。這些鼓勵與祝福，正是我挑戰每一次遠征活動的最佳利器與動力。

第二部

生命之巓

山並非高就最危險，生命考驗也沒有真正的通知單。
每一位登山者的生命中，
相信都有一座令人難以忘懷的聖山，
讓自己脫胎換骨，淬煉改變。

第七章

唯有出發，才不會一直原地踏步。

——厄爾布魯斯峰Mount Elbrus攀登紀實

厄爾布魯斯峰Mount Elbrus，歐洲第一高峰，海拔5,642M，位於俄羅斯高加索山脈的博科沃伊支脈。

二〇〇六年七月二十九日這天非常特殊，是我今生永遠忘不了的日子。還記得十一年前參加珠穆朗瑪峰的遠征隊，那是一趟既興奮又陌生的旅程。十一年後，我再度投入海外遠征活動，激動的心情可想而知。

冰天雪地，人心冷冰冰？

歐洲第一高峰——厄爾布魯斯峰（Mt Elbrus）雖未超過海拔六千公尺，但是它的地理位置，對我而言是非常陌生的；尤其它位在俄羅斯的高加索偏遠山區，在地圖上都很難找得到。如今我竟然搭乘飛機，飛向這浩瀚的國度，心情是很難平復的。我始終認爲，人需要不斷地嘗試與學習，才會有所體悟及成長。爲此，我不忘記要經常鼓勵自己：唯有出發，才不至於原地踏步。

置身機艙內的我陷入一連串夢境，睡了又醒，醒了又睡，要不是空中小姐叫我吃飛機餐，我可能還在夢中。莫斯科是個什麼樣的地方呢？我猜測著：冰天雪地，大衣、雪帽，還有藏在口袋裡的伏特加……哈哈！是我想太多了，當時的莫斯科和臺灣同樣是夏天，只是時差慢了四小時罷了。

莫斯科的海關檢查非常嚴謹，幾乎把訪客的全身都摸透透。海關人員也很少露出笑容，這是北國的冰雪造成的嗎？每個人臉上的表情都好冰冷啊！我們其中一位隊員還被海關約談兩個小時仍未放行，最後只好請導遊小姐去了解情形。

原來——這位隊員經常出國參加鐵人三項比賽，護照上有美國及中東等多國的簽證，對俄羅斯當局而言，這些都是敏感地區，難怪海關要盤問那麼久。幸好他曾在西伯利亞待過兩年，知道如何應對才恰當。

連排隊都很酷、很冷、很安靜！

蘇聯解體之後，整個國家都在轉型當中，因此在許多對外事物的態度上都會比較敏感、不友善，他們還需要時間去適應。敏感、冷淡的民族，難怪會釀出伏特加這樣不太好喝的酒!?哈，這當然是對不常飲酒的我來說啦！

初次來到莫斯科，雖是夏季，但也體驗到了北國的蕭颯冷風。在前往山區之前，我們進行了短暫的市區之旅。巴士載著我們經過莫斯科市，停放在克里姆林宮附近，只見參觀的遊人大排長龍。可能是星期天的關係，遊客特別多，我們也加入排隊行列，許久才輪到我們。原來又是麻煩的安檢，才導致後面的人龍。只不過面對如此細微的檢查，一股不被信任的感覺不斷自心底湧現。

早期俄羅斯實行糧票制度，養成俄羅斯人善於排隊，而且超有耐心，絕沒有插隊這回事。反觀臺灣，除了著名美食店家、夜市小吃和遊樂園外，基本上，這類大排長龍的盛況不常出現。

在莫斯科的第二天早晨，陰天微涼，空氣極乾燥，隊員相約慢跑。莫斯科河穿針引線，曲流迴繞整座莫斯科市，造福河岸居民，有水、有生命。難怪有人說：「河是大地之母。」這裡緯度高、是典型的大陸型氣候，冷空氣霎時全掃進肺部，跑得口乾舌燥，很不舒服。全體隊員沿著莫斯科河晨跑一個小時，即出發前往國內機場，準備飛往最靠近厄爾布魯斯峰的城市——明伏地（Min Vody）。

戰鬥機飛行員改行當民航機長

在通關之前，我們爲了節省行李超重費，便將攀登時才穿的雙重靴，以及較重的裝備都穿在身上。然而在平地穿戴雪地技術裝備，除了增加重量，更是一件相當吃力的事，不僅讓人汗流浹背、透不了氣，也讓自己的情緒快冒火了。

就在這時，更離譜的事發生了！海關人員竟要每位乘客拿一個像寶寶洗澡的大臉盆，請乘客將身上的物件扒個精光，外衣、背心、腳上穿的、脖子掛的，統統都得脫下，除了上衣和褲子之外。

哇！這簡直就像電影出現的集中營畫面一樣。之前我們個個穿戴得像外星人似的，沒想到又得全部乖乖脫下。通過了檢驗門，還得被海關人員全身摸透透，整個過程讓人心裡非常受傷。有個隊員通關時，引起掃描器發出警訊聲，雖說並無攜帶違禁品，但警報聲猛然響起，還是令人感到極度不安。

一連串毫無尊嚴、被翻箱倒櫃地搜索，折騰老半天總算進了機艙，坐好位置。心想應該可以好好睡一下，沒想到接下來的更刺激！只覺飛機一下子急速升空，彷彿是機師手中的遙控玩具，先猛衝上天，再來個大回轉。在我的印象當中，俯衝、上揚等飛行動作可是國慶大典才有的表演，而此刻我們卻置身其境，當起了表演者。天啊！我們是來俄羅斯登山，可不是來挑戰極限運動！大家你看我、我看你，只能緊緊地扣住安全帶，故作鎮定。

據說蘇聯解體後，許多戰鬥機飛行員改行當起民航機的機長，而他們總是習慣性忘了自己開的是民航機！最後，飛機像是近九〇度俯衝下降，著陸時把餐車狠狠震翻、衝出走道，而廁所也因爲猛力震動，令人作嘔的氣味頓時瀰漫整個機艙，眞是太恐怖了！

沒超速、沒違規，但是請給錢！

走出機場，外頭陽光普照，終於呼吸到南部溫暖的空氣，感覺舒服多了。或許是天氣較暖和的關係，人們的臉上都帶著笑容。前來迎接我們的，不只是溫暖的陽光，還有未來一個星期帶領我們登山的嚮導。他個子高大，有寬闊的臂膀，讓人感覺很強壯。

GORE-TEX
MILLET

TROFEO
VALTELLINA

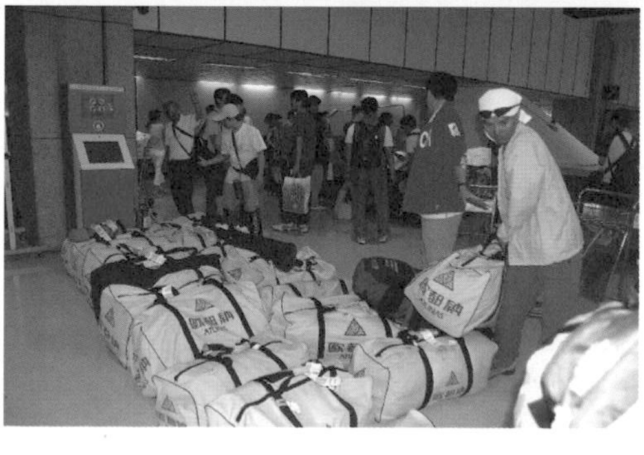

這裡土地寬廣，坐進車子，沿途可見遼闊的農地，有大片大片的向日葵，也有已經收割完畢的麥田，就像塡色圖卡一塊接著一塊，非常特別。車子一路開得平順，令人驚訝的是交通警察常常攔路，沒超速、沒違規、沒啥事，不過就是要錢！車子一旦被攔下，就是和員警握個手，完成給小費的程序，還得裝成像是老朋友見面般的親切！一趟四個小時的車程，我們足足被攔了四、五次。司機一回到車上便碎碎念，說員警像搶匪一樣霸道。

車子停在「三境」交界區，由於俄羅斯爲許多聯邦所組成，邊境區戒備森嚴，軍人拿著槍，火藥味重，一副隨時要開戰的模樣，令人精神緊張。此時相機、電話……等敏感物品得收緊，以防陷入不必要的誤會與痲煩。

入境簽證檢查完畢，我們於傍晚來到入山的檢查哨。趁著領隊們去辦理入山手續，我們跑到路旁的小公園裡，和歷史人物列寧的銅像合照，據說這樣的銅像在蘇聯已經很少見了。

辦妥入山證，海拔已經來到一四五〇公尺了，很多景物都必須仰起頭來看。車窗外景致由色圖卡向日葵、麥田，轉爲山川稜谷，樹木高聳、潺潺雪水、牛羊成群，眞是美不勝收。

車子沿著山路緩緩爬升，讓我回憶起童年最愛的卡通影片《小天使》（阿爾卑斯山少女海蒂的故事），主角小蓮和小豆子成天徜徉在高山草原上，那種放牧羊群的自然生活讓我非常嚮往，其中呈現的高山雪地美景至今仍縈繞眼前。我曾許下願望，希望有朝一日能生活於歐洲鄉村，而今有機會身歷其境，雖非久住，亦算圓夢。

司機爲了滿足隊員們拍照的欲望，貼心地繞到附近一處空地，正值夕陽西下，天空呈現嫣紅的日落餘暉，映在白雪皚皚的山頭上，只聽見每個人猛按快門的聲音響成一片。結束餘暉之幕，車子繼續開往接下來幾天我們將落腳的山中民宿。

民宿的房舍乾淨，老闆也很親切，只是仍有許多鋼筋鐵條硬生生地露出水泥牆，外觀看起來像是一間尚未完工的民宿，屬於半成品，大概只完成八○%吧！這讓我想起小學時候，父母親首次購屋，內裝尚未完成便迫不及待搬進新家，邊住邊裝潢，像進行裝置藝術創作般，特別有趣。

快就是慢，慢即是快

經過一晚的休息，整個人感覺有精神多了。在貝森谷（Baksan Valley）的特斯固村（Terskol），

海拔約二三四〇公尺，正值夏天，山中空氣乾冷清新。我們一大清早去散步，從纜車索道的方向往上攀爬，山路邊長滿了高山植物，有薄雪草、高山薊、當歸、香葉草、蓼科植物等，抬眼望去，整座山坡像是一幅繡上百花圖的地毯，美極了！

吃過早餐，出發至附近的奇戈山（Mount Cheget）做高度適應，乘搭的工具是滑雪纜車。老實說，搭乘滑雪纜車，我還是頭一遭呢！這彷彿小學的畢業旅行到兒童樂園搭摩天輪，大夥兒乖乖排隊等候入座。

一會兒，我們已緩緩地騰空而行，穿越在樹冠層上，雙腳還可以觸碰到樹梢呢！纜車下方有很多杜鵑花科植物，此刻涼風習習吹拂，細細的纜繩牽引著我看盡好山好水。迎面而來的清新空氣，是許多人夢寐以求的舒暢感受，有錢也未必買得到。

我們經第一平臺（二七四〇公尺），來到第二平臺，此地海拔約三〇四五公尺，厄爾布魯斯峰就在纜車站的正對面——這可是第一次接觸哦！沿著

蜿蜒、崎嶇的山路，我們繼續往奇戈山頂走。

我走在最後面，爲了獲得較好的高度適應，緩緩爬升是必要的，要如「龜速」般地行進，才能調整呼吸。如果一下子走得太快，會讓身體適應不良，產生高山症，反而寸步難行。這就是登山哲學：快就是慢，慢即是快！人生中有很多事情也是如此，你一心求快，未必能順利取得好結果；反倒是慢慢調整、踏穩每一步，美麗的果實就在終點等著迎接你。

沿途有好多種高山植物吸引著我，一路觀察、順便拍照。接近中午，我們登上奇戈山，海拔爲三四六〇公尺，頂峰還算寬敞，視野極佳。我們拿出午餐袋，享受午餐及欣賞奇戈山頂的美景，逗留一陣再返回民宿。

驚聞登山隊發生意外

接下來三天，我們要到高山的山屋進行高度適應，所處的地點比臺灣的第一高峰——玉山還高呢！有別於在臺灣，行走雪地必須全副武裝。另一個不同是，輪到我擔任「當日領隊」（Day-leader）。這是每位隊員的幸運之日，得全神貫注，看守好每一個隊員，也是學習領隊承擔責任的方式，好讓每位隊員都能成爲日後的領導菁英。

我們全員精神奕奕，整裝待發，移動至民宿附近的纜車站，這一趟終於是往

厄爾布魯斯峰前進。第一段纜車爲箱式纜車，可搭載約二十五人，纜車裡像整「箱」站立的沙丁魚，一箱箱被拉上山。爬升至第一平臺約海拔三千公尺，再轉搭第二段纜車。

就在等待纜車到來的同時，竟傳來不幸消息：一支烏克蘭登山隊在攀登厄爾布魯斯峰東稜路線發生墜落山難事件，已知三人死亡，一人性命垂危，搜救隊趕在我們前一班纜車上山救援，空中搜救隊也不斷在我們頭頂上飛馳。此時，身爲玉山國家公園巡山員的我，感觸特別深。經常接觸山難事故，每每發生不幸，總感到生命的脆弱與渺小，默默在心中祈禱此行大家都能平安無事。

纜車來到第二平臺，海拔約三五〇〇公尺。當地嚮導說這一站就叫「世界站」，我們必須在此換穿雙重靴及調整全身裝備。再稍微往上走一小段路，就可看見一座佇立在厄爾布魯斯峰下的紀念碑。一九四一至一九四五年間，俄軍與納粹德軍曾於厄爾布魯斯峰激烈交戰，當地許多人民在此犧

牲，爲紀念此事，便立了這座紀念碑供人憑弔。

調整好全身裝備，開始往上爬至三九〇〇公尺的巴瑞山屋（The Barrels Hut）。原本世界站至圓桶山屋這一段，也可搭乘滑雪單座纜車，但爲了做高度適應，我們採步行方式。腳踩雪地，感覺重拾當年攀登珠穆朗瑪峰的情景。

圓桶山屋是用舊油罐車桶改裝成山屋，爲提供登山或滑雪者住宿。參觀山屋後，發現麻雀雖小，五臟俱全。小休片刻後，繼續往前邁進，團隊來到平坦處，嚮導詢問臺灣隊員雪地經驗的狀況，我們隊中大概有四至五人是完全沒有雪地經驗的。於是嚮導實地操作雪地步行技巧、以及雪地裝備使用等，完成重點實戰教學，並慎重告知隊員，雪地行動不可分散，因爲離開行走路線兩旁太遠，會有冰裂隙，稍不注意就會跌入萬丈深淵。

午後，抵達四一〇〇公尺的戴賽山屋（Diesel Hut），此處高度已超過臺灣最高峰玉山。走入山屋休息片刻，同行隊員開始有高山症反應，顧問老師遵照高偉峰醫師給藥指示，給發生高山反應的隊員服高山症用藥，幸好狀況稍有改善。但嚮導決定讓有高山症反應的隊員，暫時不再上升高度，全隊隨即下山回旅館。晚飯後，結束檢討會並預告行程，各自回房打理明天要住戴賽山屋的裝備。

懸在崖上的不環保廁所

隔日，我們在起床後先測量血氧濃度，這是爲了監測高度適應狀況，之後準時出發。這情況就像大搬家一樣，全身上下笨重得像隻熊似地向纜車站移動，將全部的裝備搬上戴賽山屋，包括三天的高山糧食，隨行還有廚師及另一位嚮導。

和昨天的路線一樣，經過兩段箱式纜車及一段單座滑雪纜車，順利抵達巴瑞山屋，再轉搭鏟雪用履帶車（俗稱「雪貓」，被當成雪地計程車使用），直達戴賽山屋門口。

昨天來此只是路過，並沒有仔細觀察山屋的內外構造，原來它是一棟兩層樓的建築，外型橢圓，由不規則石塊、木板及特殊強化材質搭建而成，屋內多爲木板構造，二樓空氣不流通，有些悶（應該說保暖效果佳），固定式天井窗，透光佳。一旦住滿就顯得擁擠，其他設備則舒適便利。

唯一讓人無法忍受的是外頭那座懸在崖上的茅房，搖搖晃晃、臭氣沖天，

結構不太穩固。如廁時，雙腳得小心翼翼「調」好位子，對準坑洞，才能放心蹲下。眞怕上廁所上到一半，連人帶廁一起跌入崖下，肯定很慘！因此我告誡自己，非不得已不去爲妙。況且，如廁地點與方式直接破壞冰河生態環境，一點也不環保。

走出山屋，放眼望去，高加索山環繞著小屋，壯麗而柔美，雄偉而內斂，這樣的天地大美震撼了我，就連隱約吹拂在臉頰的微風，都令我有著莫名的感動。過去只出現在國中地理課本裡的「高加索」，如今眞教人難以置信已身在其中。

太陽西下，群山染上一抹嫣紅，又是另外一番美景。不過山區溫度持續下降中，天地之間猶如一個大冰庫。晚餐結束後，嚮導宣布明天的行程：仍是高度適應日，我們將穿著所有裝備步行至巴司杜可夫岩（Pastukhov's Rocks），約海拔四八〇〇公尺。住在溫暖的山屋幾乎不需要睡袋，讓大夥一夜好眠。

落實環境教育的重要

八月四日，也就是登頂的前一日，我們用過早餐，穿好裝備，全隊往四八〇〇公尺前進。沿途的雪坡來往人群相當多。爲了挑戰世界級高峰，大家都出盡法寶，用小雪橇背負物資，背包後面拖著礦泉水。

現身此山區的人群，多數是爲挑戰世界高峰而來，途中卻巧遇一群志不在此的當地青少年，一臉自信地玩著滑雪板，操作技術、滑雪姿勢十分流利順暢，著實令人大開眼界。這地方就連小朋友的雪地活動能力都很強，可見他們對生長環境的適應非常好。

反觀四面環海、高山林立的臺灣人，理應是泳將和登山高手的孕育地，但事實並非如此，反而經傳溺水、山難事故……可見國家重視戶外活動、環境教育之落實與否，極爲重要。

強烈陽光追著出走的紫外線，熱情滑雪客並未因此減少。嚮導領著隊員適應高度、示範雪地技巧、動作及注意事項說明，全隊聚精會神聆聽現場教學。這不禁讓我回想起十年前爲攀登珠峰，礙於經費考量，訓練場地全局限在國內，無法像現在安排海外實地攀登訓練課程，大家因此顯得格外珍惜。

臺灣是亞熱帶環境，冰天雪地的場景只有在冬季高山偶爾出現；就算有機會賞雪，也未必適合冬季雪訓、攀登；再加上又濕又薄的雪況，和國外多雪環境差異大，以致許多人無法實際體驗。例如：通常坐在臺灣高山的雪地上，屁股一下子就濕答答，國外卻只是拍拍屁股，依然乾爽。另外，打「雪樁」架設固定點，國內多爲鬆雪，一旦模擬墜落，通常會將「雪樁」連根拔起。國外打雪樁雖較費力，但實際操作卻非常牢固。

中午時分，我們抵達巴司杜可夫岩，這裡是由亂石堆成的一處平臺。大家拿出午餐包，趁機攤在陽光下享受著簡單而營養的三明治。可能陽光的溫度暖進人心，忽然間，有一股莫名的感觸湧上心頭——人生能有幾回像此時此刻，在高加索山區享受陽光午餐呢？對於這樣瞬間的心靈悸動，我總是充滿感恩，小心典藏在自己的心坎裡。

發現不足，就想辦法追上

八月五日，這天是登頂之日。凌晨四點，我深切感到自己從暖爐走出，忽然又掉進冰庫；雪貓車到山屋門口接駁，場景有如聖誕老公公駕著麋鹿飛奔而來。天未亮，只有頭燈照亮彼此，講話時只見白煙模糊了臉。幾分鐘後，隊員全擠上雪貓車，引擎聲帶動車底的鏈帶、攪和冰雪，讓車緩緩爬升像要飛奔上天。

由於車身晃動得厲害，後座隊員得想辦法牢牢抓住，深怕被拋出天際。黑暗中，帽子、衣袖竟閃閃發亮，像是早期賀年卡片上的亮粉，近看發現原來是佈滿霜雪，有如蛋糕上的糖粉，令人垂涎三尺。

抵達攀登起點，趕緊下車，待全員到齊。這時，大地之眼從黑暗的地平線緩緩張開，破曉之光凝視著我們，嚮導帶領所有隊員往登頂方向出發。冰凍的大地與冰爪相碰觸，硬邦邦的雙重靴很費

勁，發出「唏唏唰唰」的聲響。

隊伍隨著山勢起伏攀升險坡。回首來時路，旭日紅光，映滿山稜。霎時，高加索山區變得溫柔，和清晨的冷凝酷寒相較，此刻極暖。朝陽不吝嗇地散發強大熱力，融化衣袖冰霜，衣面珠兒閃閃發亮，隊員的心也被融化，開始哼起臺灣民歌，只是高海拔讓人有些上氣不接下氣，但歌聲依舊鼓舞全隊上攀動力。

斜面的冰坡像是鋒利的刀刃，渾然天成，一閃神可能會跌入萬丈深淵。轉個彎，路徑縮小爲一人通行，我們緊跟著前方隊員的腳步，終於來到五二〇〇公尺的雙峰鞍部。所謂鞍部，即是兩山之間比較平緩的部位。我們用過簡單的乾糧，領隊帶大家向山神獻上祈福儀式，祈求安全登頂之願。

嚮導爲掌控登頂時間，催促快走。陡坡矗立眼前，足足有三百公尺落差，狹窄路徑長龍排列，往雪丘頂看去，像有一條毛毛蟲緩緩在雪地上蠕動——這是來自世界各地的登山者，排排攀爬的模樣。當然，這一段是不容許有任何閃失的，是生死攸關的。

雙重靴與冰爪讓步伐變得更緩慢，這樣的陡坡和十年前珠穆朗瑪峰的攀登比起來實在是小兒科，但此刻我卻上氣不接下氣，就像快斷氣般的痛苦難耐呀！三十六歲的自己，此時彷彿已經來到六十三歲的心境，心有餘，力卻不太足！我在心中不斷給自己加油，並期許回家後一定要加緊訓練體能才行。

終於抵達冰雪岩石混合區，許多登山者在此處聚集、休息，我們也找到好位置加入、跟著坐下。眼前的大山壁是厄爾布魯斯東峰，宛若伸手就能觸碰到。回首俯瞰，長串人龍不斷朝我們的方向爬升，雲淡風輕，隨性喝口熱茶，享受片刻山中寧靜，準備一鼓作氣攀上最後鞍部。接著嚮導指示，請大家放好背包，輕裝奔向頂峰。

（圖片提供：歐都納世界七頂峰攀登隊）

約中午十二點，我們終於登頂歐洲最高峰——厄爾布魯斯西峰，海拔高度五六四二公尺。此刻象徵臺灣海外遠征精神，再度與國際接軌，全隊聚集峰頂，相互鼓舞。

下山，更需做好安全保固

眼見群山峻嶺、雪白稜線綿延不絕，高加索山眞實呈現。頂峰一望無際，遠至黑海、裡海的遼闊國度，一眼看不盡。全隊合影之後，帶著輕鬆步伐下山。嚮導在坡度較陡的五四〇〇公尺處，架設固定繩，爲隊員們做安全確保，深怕下山會因體能消耗、心情鬆懈等狀況，造成滑落意外。熱愛登山的朋友們，可別輕忽下山這一段路，其過程中發生意外死亡事件的比率非常大，千萬不容輕忽。

午後，陽光由硬漢轉爲柔情王子，將白雪化成泥濘，使雙腳不斷深陷其中。抬頭看看周圍，心情稍稍放鬆，影子隨著陽光照射變化，孤獨身影竟貼在大山之上。看著眼前景象，我不禁思索：十一年了，我們再次踏出國門完成任務。雖說這些年來，陸續有愛好登山人士出國攀登，但像我們這樣的組隊方式卻沉寂好一段時間，甚至瀕臨斷層。

黃昏時分回到山屋，喉頭渴得要燒焦，急忙補充熱運動飲料，並興奮談論今日攀登歷程，從中得知登山過程不能單靠技巧，必須累積更多運動知識，如高山醫學、裝備、技巧、天氣概況、登山倫理，甚至是人文歷史……這些都是專業登山者必備的行前功課。

第八章

心若是活的，就可以調整改善。

——烏呼魯峰Uhuru Peak攀登紀實

烏呼魯峰（亦稱吉力馬札羅峰）Uhuru Peak，
非洲第一高峰，海拔5,895M，
位於坦尚尼亞東北高原吉力馬札羅火山山脈，臨近肯亞邊界。

對非洲的最初印象，來自勞勃・瑞福與梅莉・史翠普主演的電影《遠離非洲》（Out of Africa），影片中優美的旋律，至今仍不時迴旋耳際。在肯亞航空起飛的那一刻，我簡直無法想像自己即將踏進電影中的場景，就要夢想成眞啦！

不急不慌，長保微笑過生活

飛機朝著野性東非前進，這一趟的目的地是地球的南緯三度，近赤道的熱帶冰火山——非洲吉力馬札羅山（Mount Kilimanjaro）的烏呼魯峰（Uhuru Peak）。我們搭乘肯亞航空，儘管飛機延誤多時，機艙內的旅客黑人朋友占多數，我們是非常非常少數的東方人，卻絲毫影響不了隊員們滿心嚮往動物奔騰的非洲大草原景象。

從二〇〇六年八月的歐洲最高峰——厄爾布魯斯峰，到十月初的非洲最高峰——烏呼魯峰，我們按著高峰的高度順序而爬，這在高度適應方面非常重要。

從臺灣起飛，經轉機，終於抵達肯亞奈洛比國際機場。這裡的通關手續比想像中快，非洲朋友感覺既親切又熱情。一出機場海關，我深深吸了幾口氣，乾爽的空氣使人舒坦，確定自己眞的來到夢中的非洲大陸了！個頭不高的接待人員早已等候多時，待所有行李上車後，我才發現原來司機是單槍匹馬來接機的，見人就咧嘴開懷地笑，露出樂天與赤子之心的氣質，讓人輕鬆自在。

一坐上小巴士，司機有如魔術師般地從車上的冰箱拿出三明治和水果——看來班機延誤對當地來說屬正常現象，司機也經驗豐富，早已備妥午餐。手上拿著長相不優的小小橘子，乾癟的模樣實在無法引出食慾。但大夥因剛下飛機，口乾舌燥，需要水分的灌溉，顧不及橘子的長相就剝了皮，直接將乾癟的橘子塞進嘴裡，嚼了兩下，異口同聲喊道：「哇！好甜！」沒想到這橘子外觀醜，果肉卻很甜。難怪人家常說：人不可貌相啊！有沒有才比較重要啦！

車子一路直駛，塵灰飛揚，四周盡是空曠乾草原，天空蔚藍無瑕。幽默風趣的司機一邊開著車，一邊順口帶著我們唱歌，不久便抵達肯亞與坦尚尼亞的邊境。

事實上，我們也可選搭直達坦尚尼亞的吉力馬札羅機場的班機服務，只是機票很難訂，班次少、票價也高。再加上，大夥也想藉由搭車方式了解當地生活形態及風俗民情。對我個人來說，

簡單的風景、質樸的人物，加上單純的心，構成一幅幅自然無瑕的畫作。

這類搭車的方式真的很棒，既不會錯過窗外風景，又可感受邊境的濃烈文化及民族性。

沿途越走越乾旱，很快地，我們來到肯亞及坦尚尼亞邊境，必須下車辦理過境手續，不過就只是塡了不同顏色的出、入境卡，既不設防、也不擾民，手續都非常簡便而快速，和上次去俄羅斯的經驗相比，明顯地備受尊重。這也讓我再次思索：黑皮膚、白皮膚或黃皮膚有那麼重要嗎？「心」好不好比較重要吧！雖然每個地方的人種、所經歷的歷史背景不一樣，但我覺得心是活的，可以調整；更始終相信：心善，人才會美！

也太奢華?!專人背負清潔的「移動式馬桶」

此外，我一路驚嘆著：非洲原野遼闊，一望無盡的黃澄澄乾草原，低矮樹叢點綴邊際，這樣的景象不就是Discovery頻道經常播出的大自然場景嗎？而且幾乎每棵樹上都築滿漏斗型鳥巢，裸露的紅土出現不規則、大小塔型蟻丘，十分有趣。

車子開了三、四個小時，景致依舊，藍天大地，廣闊草原。這時，我腦中一面想著潮濕溫潤、綠意盎然的臺灣森林，景致截然不同。一面透過車子擋風玻璃，視野筆直，一路狂飆，無拘無束，奔向野生動物的自由天堂。

直到車子從寬闊草原轉進市區，我們將下榻於坦尙尼亞阿路夏鎭（Arusha）附近的旅館——Dik-Dik。旅館招牌矗立在路口，當地攤販緊貼著招牌或攤位的影子，來躲避酷熱太陽；街道兩側多是零星攤販商，販售蔬菜、水果、少許日用品等。

司機在旅館大鐵門前停下車子，由帶槍守衛負責開門。據了解，當地治安並不是很好，飯店、機關，甚至私人寓所，都有自雇帶槍守衛，負責維安。車子緩緩駛進一條綠色隧道，車窗掃過棕櫚樹、九重葛等植物，彷彿進入另一個世界，而裡頭竟有菜圃與幾棟磚造屋，就像瞬間從蠻荒地帶進入歐洲莊園，猶如透過小叮噹的時光機穿越時空，驚奇萬千！

待車子完全停下來，終於抵達Dik-Dik旅館。大鬍子老闆和女服務生早已等候多時，爲每一位下車的旅客遞上一杯香檳，用親切的態度迎接來自遠方的客人。這實實在在被尊重的感覺，任誰都喜歡，感覺就像回家一樣舒坦。接下來，我們過著幸福無比的生活，像貴族般的享受，甚至帶點奢侈的感覺。雖然僅僅只有一天的時光，但有幸能體驗前所未有的感受，已讓人滿足心扉。

到了下午，旅館主人爲我們解說入山行前該注意的事情，包括食衣住行與特別注意事項。尤其在山區飲水，他強調廚師會先過濾並消毒，食物則使用眞空包裝，一貫作業保證讓大家放心。

話說廁所……剛從厄爾布魯斯峰領教過懸在半空中的茅坑，所以我對此不敢抱太大期望，只求有，不求好。但大鬍子老闆隨即拿出一張馬桶圖片，一臉自豪地表示：這是從歐洲特別訂制的移動式馬桶，這個馬桶會陪大家六天五夜，價格昂貴，請各位要善待它。

據說曾經有好幾支隊伍使用不當，把它弄壞了，所以大鬍子老闆才會特別聲明。只是我簡直不敢相信自己的耳朵，有沒有聽錯啊?!——「馬桶由專人背負與清潔。」眞難以想像，這有夠另類的，完全讓我們跌破眼鏡。

接著又說：「我們的協作人員都已接受過嚴格訓練，大家放一百個心，一切全交給他們。」個人行李需控制在九至十二公斤，以不超過十五公斤爲標準，國家公園亦規定挑夫絕不背負超過二十公斤，其中包括挑夫自己五公斤的行李。因此，爲節省在登山口過磅的時間，大家提前在旅館內做好這些秤斤秤兩的工作。

用生命在天地之間拚搏的高山一族

十月四日爲入山第一天，帶著所有登山裝備，搭乘旅館特製的「裝甲車」，往吉力馬札羅峰前進，就像去叢林探險般的興奮至極。沿途車子順路接了許多來自不同村落的協作人員，到底有幾個一時數不清，反正就是「一拖拉庫」。

車子穿過大街小巷，轉入一條泥土路停下來，原來是廚師要買生肉及牛奶。我們的車子就停在肉販攤前，攤販門前擺了一根大原木，看得出來那是剁肉的砧板。不一會兒，個頭很大的肉販扛著一大隻腿肉往砧板上摔，大屠刀就順著砧板繞了一圈大力地剁，碎肉噴得到處都是，眞是怵目驚心的一幕。

嚮導觀察到我們的臉色慘白，趕緊向我們解釋那是工作人員的糧食。話說到此，所謂「肥水不落外人田」，現場一隻四處溜達的公雞，充分扮演好食物鏈的角色，將地上的碎肉完美地收拾乾淨。接著，車子再度啓程駛向山區，搖搖晃晃地拐過村莊，穿過咖啡園，直到山的盡頭——國家公園入口。

這裡有如菜市場般的熱鬧，聚集了來自各國的登山客，並排隊辦理入山登記手續。此行我們刻意不走「可樂路線」——所謂的大衆路線，沿途都能買到可口可樂及遍布住宿山屋。我們選擇了馬切妹（Machame）路線，主要是有豐富動植物生態與環境變化，行程六天五夜，以露營住宿方式進行。

隊員簡單登記入園資料，接著是挑夫們的重頭戲，因爲當地國家公園有一項人性化規定：挑夫負重量需在二十公斤內，借此保障當地工作機會，維護人體骨骼機能之永續概念。所以在登山口海拔一八〇〇公尺處，都得一律過磅。我們一共十一名隊員，主要嚮導有六名，其他三十七名是協作人員，包括廚師、挑夫等，可說是以大隊人馬行進啊！

這又不禁讓我再度感慨：尼泊爾的許多高山族，包括雪巴族、拉伊族或達芒族，他們一直以來的善良與無私奉獻、認眞以生命在天地之間拚搏著，何時才能喚起該國當局的重視，給予他們應有的尊重及安全保障呢？

恍如置身《遠離非洲》電影場景中

幾天下來，非洲乾草原看得有些膩了，此刻終於進入茂密森林。一開走，大隊人馬與搬運各種東西的協作人員手提著瓦斯桶，頭頂桌椅還外掛水桶……沿路集合起來，幾乎可以開一家登山露營公司，這一切無非是爲了攀登吉力馬札羅峰。

隊員的所有裝備及隨身行李都由挑夫來背，這讓我們很不習慣，走起路來很彆扭，甚至在心理上是無法接受的。堂堂七頂峰計畫的攀登隊員，竟然得將所有的東西都給挑夫背。然而這一路上，所有隊員必須試著去調適這樣的感覺，畢竟當地的非洲朋友都是靠挑夫工作來維持自家的經濟來源，當下只好努力欣賞風景，以忘卻背包的事情。

眼前這片熱帶雨林，從高大蕨類到掛滿樹幹的綠精靈——石松，處處都是。這讓我想起在梅峰農場工作，經常與同事做野外觀察，佇足原始森林，每每看見稀有植物如獲至寶的情景。穿越林間時，大家慢下腳步，在邊坡稍作休息，實習嚮導遞上茶水，服務周到。只是一向獨攬所有裝備和事務的我們，實在不習慣被這樣呵護、伺候。

午後來了一陣大雨，隨即又放晴，植物的種類則隨海拔高度而變化。來到莽原區起點（植物林相分布的界線），雨過天晴，植物幾乎被洗刷得亮晶晶，像打了層蠟似的充滿生氣。這一晚，我們就在海拔三千公尺的馬切妹營地過夜。

夜幕低垂之際，我去測試由專人背上山的豪華馬桶——眞的乾淨方便好用，沒話說。爾後營地備妥，協作員送上枕頭和小餅乾，還有一盆洗臉水。還記得一九九五年攀登珠峰，在基地營的雪巴協作員也是提供這樣的服務，當慣了平民，忽然升等當王公貴族，得馬上轉換身分，還眞困難。當下也讓我有個錯覺，以爲自己就像梅莉．史翠普、勞勃．瑞福和家僕們在狩獵之後，升起火堆，靜坐欣賞非洲草原的靜謐夜色似的，好不眞實。

隔天整裝出發，發現隨身背包竟全回到各自身上。背包一上身，安全感就來。只是難爲挑夫們，以挑行李來換取生活費的他們，若無行李可挑就沒有額外小費可領。基於同理心，決定說服自己暫時當貴族專心走路，欣賞風景、拍照，以不同的心境與方式體驗這趟登山。

徜徉在莽原及高山草原間，景觀變化很大，雖是連續陡坡，但相機的快門卻沒停過，眞是自在陶醉。嚮導說：「今天步行距離是這趟行程中最短的，才九公里，

從歐洲特別訂制、
由專人背負與清潔的移動式馬桶。

預計中午就能到達宿營地——旭拉營地（Shira campsite），位於海拔三八四〇公尺處。」寧靜午後，難得讓雙腳停歇，聚集在大廳帳裡喝下午茶，說說笑笑，分享心情。

捕捉「霜淇淋樹」的曼妙姿態

第三天，從旭拉營地到巴蘭可營地（Barranco camp），約十五公里。午餐在水源地附近享用，竟是露天自助餐！滿桌歐式菜餚，應有盡有，從桌巾、餐具……排場可比五星級飯店。

尤其桌子中央還擺了一個小籃子，走近一看竟是放置調味料罐，講究到如此程度，令人佩服得五體投地。這或許就是一種服務態度的堅持，真是貼近人心啊！陽光藍天、大地午宴，融入自然，人們所追求的享受莫過如此。

結束豐盛的饗宴，繼續往營地出發。霎時，一大片「霜淇淋樹」映入眼簾，長得眞可愛，而且比人還高，看似仙人掌植物。據說只要有霜淇淋樹的地方，就會有水源。我被如此奇特的植物深深吸引，不得不放慢腳步捕捉這特別的風景——兩排高大的霜淇淋樹自然衍生出一條巷道，像是刻意栽植的迎賓樹，熱烈歡迎抵達海拔三九五〇公尺的巴蘭可營地的我們，依偎著大山壁，腹地寬廣，水源充足，這絕對是個舒服營地。

夜晚時分，一輪明月高掛夜空，時逢中秋佳節，也是隊員致豪的三十三歲生日。隊員與記者團的小古、海倫等人爲了幫致豪慶生，特地從臺灣帶來魔術蛋糕粉，並拜託非洲廚師製作了一個生日蛋糕。不一會兒，當巧克力蛋糕從炊事帳篷端出來的那一刻，致豪幾乎感動到落淚，大家齊唱生日歌，拿出各自帶來的月餅，相互分享，歡樂地在異國度過中秋佳節。就寢前，嚮導再次預告明天將進入較艱難的登頂階段。

看似仙人掌植物的「霜淇淋樹」。

讓致豪幾乎感動到落淚的生日祝賀。

（圖片提供：歐都納世界七頂峰攀登隊）

極低溫環境與風寒效應的雙重考驗

十月八日一早，眼前出現一面大山壁，猶如壯闊的大海嘯，得使出飛簷走壁功力才能越過這道大牆。陡坡加上大隊人馬，竟然出現「塞車」。我比對國家公園的地圖說明，了解這即將進入高山寒原，照理說來會比較冷，但此時太陽卻大得要把人蒸發掉，同時空氣中瀰漫著乾燥分子，乾澀引起眼角發癢，又颳起大風，滿臉都是塵沙，連心愛的相機也灰頭土臉。天啊！這簡直就像來到沙漠似的，不知還要多久才能抵達營地。

下午三點，我們終於抵達巴拉福營地（Barafu camp），位於海拔四五五〇公尺，爲一獨立小山塊。四周乾涸，沒有水源及任何有利屏障，風大得令人想逃，帳篷不斷被風拍打，發出巨大聲響。在這樣的環境下別說補眠，想闔眼都很難！唇乾裂、口渴、熱寒交雜，缺乏水源實在難受，嚮導鼓勵大家得撐下去，因爲午夜十二點就要出發去登頂了。

用過晚餐後，嚮導里蒙慎重地告訴大家今晚的行程與注意事項。他拿出緊急醫藥箱，並解釋內容物及使用方法。這是臺灣登山業界較缺乏的項目，在當地卻是任何一家經驗豐富的登山嚮導公司都具備的專業。他明確地解說細項，一再叮嚀：「無論如何，請將所有保暖衣物穿戴好，各位將進入極低溫環境與風寒效應的雙重考驗。」

半夜十二點二十分，終於要出發了。白天一直處於攝氏三十度的高溫，夜晚溫度竟低到零下，果眞兩極化。我只好將自己包得密不透風，大風幾度硬是要將人吹走。我們的手腳漸漸冰凍，爲了防止凍傷，只好一邊走，一邊運動手指、腳趾。我感覺溫度降得驚人，吸入的冷空氣更讓人幾乎要停止呼吸。空氣中夾帶著冰雪，有一剎那，我感到肺部一陣陣寒冷，像是凝結成冰似的。

嚮導在海拔五五〇〇公尺停留，做短暫休息，而我卻不停顫抖，直覺非洲是熱帶國家，保暖衣物無須帶多，誤判典型溫帶沙漠、高山寒原的特殊氣候，差點冷死在此。幸好登山前輩伍大哥將羽毛衣借給我，否則還沒登頂恐怕已凍僵。

輕忽與誤判給自己帶來教訓，當下決定回臺灣一定要愼選海外攀登裝備。雖說不能完全依賴裝備，但適當的裝備卻不能沒有。冷冽風刀從四面八方朝我襲擊，東非的天空暗潮洶湧，只能靜待黎明破曉，方能解除寒凍。在這之前，得加緊腳步繼續前進，相信峰頂已在不遠處。

誤判典型溫帶沙漠、高山寒原的特殊氣候，差點冷死在此。

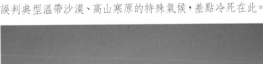

親眼目睹地球暖化的嚴重性

我們在早晨六點多終於登頂，五八九五公尺的烏呼魯峰峰頂空曠無邊際，風寒效應劇烈，低溫竟達攝氏零下二十度，這比十一年前登頂珠穆朗瑪峰時還冷，創下我生平最狼狽的一次登頂經驗！

曙光斜照，吉力馬札羅山的倒影映在日出前的布幕上，太陽緩緩升起，雲像條巨龍在火球上翻騰，地面的火山碎石、火山炭渣，被急來的霜雪裹了層糖霜，跟隨腳印走至標高牌示，大家趕緊拍照，留下美好的晨光序曲。

幸運的是，隊友致豪用攝影機記錄了當時的珍貴情景，以及山頂「冰帽」的特殊冰雪景觀，只是看起來和書本裡的景象差距很大，證實了地球暖化的嚴重性。地球的環境不斷在改變，這也是現代人類必須去面對與探討的迫切課題。

這趟全新的登山體驗讓我記憶深刻，因

為在峰頂被寒冷侵襲得體無完膚，整夜未眠便急忙逃下山，根本沒有心情欣賞山頂風光，是遺憾之一。下山更是直奔四六〇〇公尺營地，海拔下降，溫度變化由冰庫掉入火爐，熱得要命。一路上沒吃沒喝，饑腸轆轆，雙腳發軟，一回到巴拉福營地，進入帳篷就四肢癱軟，倒頭就睡。

大約半小時後，還是抵不過外頭烈日和狂風的雙重折磨，我昏昏沉沉醒來，發現所有的隊員已全部下山，只留下實習嚮導與幾名挑夫。他們觀察、詢問我的狀況，如果體能無法負荷，可以在此過夜，或與其他隊員一樣選擇下山。

經過剛才不怎麼舒服的休息，考慮了周遭環境與現況，我告訴他們要繼續往下撤。哈哈，聽見這消息登時全員歡呼，開心地收拾所有裝備，因為他們不需要為我一人在此多留一晚囉！另一方面，由於時間還早，我便沿途賞景拍照、觀察植物，藉此來忘卻一身的疲勞。午後三點，我便抵達三一〇〇公尺的馬威卡營地（Mweka camp），再次與其他隊員會合。

誰說把自己搞得要死要活才叫登山?!

馬威卡是一處優質營地，在非洲有水的營地就是天堂。隔天一早，所有的嚮導與工作人員，全部集合在帳篷外的廣場上，共有四十幾位。他們卯足勁兒開始歡欣舞動，表露出最誠意的道別，同時也邀請所有的隊員共舞。

當下所有人都興奮地跟著舞動，那麼自然、快樂——原來當地的原住民是藉由肢體語言、音樂、舞蹈等來聯繫彼此的情感，沒有距離，只有眞實的快樂，我想這點是我們必須學習的。

經過一夜休息，全隊輕鬆下山。此行最大的收穫是親身感受到：吉力馬札羅山因友善管理，爲當地人增加了許多工作機會，同時也兼顧環境生態保育觀念。在登山經營模式與永續理念這一層面，更是徹底打破了我自以爲是的想法，畢竟沒有人規定把自己搞得要死要活的登山方式，才叫登山！

翌日回到Dik-Dik旅館，日子又回到輕鬆的模樣，因爲完成了主要任務，整個過程增進了隊員彼此之間的情感。我們利用剩餘的時間，全部隊員也順道去見識了當地國家公園的遊獵活動，坐著吉普車去看野生動物。

最後一晚，Dik-Dik旅館的主人更是大排場地爲我們舉辦登頂後的慶功宴，端出滿桌佳餚，有中式涮涮鍋、精緻甜點，以及桌上用心的擺飾，現場更有樂團表演——仔細一看，這組樂團的樂手怎麼如此面熟，原來是由廚師與其他工作人員組成的，眞是令人感動哩！

東非這熱情又美麗的地方，有機會我肯定會再來的！

第九章

追尋屬於自己的「聖山」。

——阿空加瓜峰Mount Aconcagua攀登紀實

阿空加瓜峰Mount Aconcagua，
南美洲最高峰，海拔6,962公尺，
位在南美洲安地斯山脈，阿根廷與智利的邊界上。

每個人心裡都有一座屬於自己的「聖山」，它可能是來自一本書的啓示、一個偶像給你的溫暖微笑、一條陪伴你成長的河流，或是你曾聽聞的感人生命故事……在你茫然失措之際，這座「聖山」可以支撐你度過難關，鼓起勇氣再出發。

遭逢舉世聞名的「噴射氣流強風」

二〇〇七年一月下旬，從行前準備到出發，歷經簽證延誤、機票作廢及行李被偷等波折，一行人臉上終於露出輕鬆的笑容，因爲我們終於離開了臺北、阿根廷的首都布宜諾賽勒斯，以及歷史名城門多薩，來到了山裡。山裡的空氣是不同的，讓人打從心底喜悅起來，像孩子般的天眞，沒有任何雜質。

結束蜿蜒山路，我們終於抵達Los Penitentes這個偏僻的小鎮，就幾家小旅館及一條直直通往智利的公路，觸目所及皆是光禿禿的山頭，當然還少不了當地的特產——撲面而來的風。我們暫住在這裡，等待與嚮導公司的人員會合。

阿空加瓜峰是南美洲的最高峰，攀登路線非常多，由較簡易到非常困難的都有。多數登山者選擇傳統路線，難度並不很高，由西邊的Plaza de Mulas基地營開始攀登，沿著西稜上到北稜，全程不需要高難度的技術攀登，是攀登阿空加瓜峰最安全的路線，全程約需十至十四天左右。

我們經過多日的運補與攀登，二○○七年二月五日下午，攀登隊終於抵達五九三○公尺的第三營。晚間，山區進入暴風雪的狀態，直到清晨才停止。我們原以爲這一天會是休息日，因爲積雪已經堵住帳篷的門，按照過去的遠征經驗，理當休息。但嚮導仍決定往頂峰前進，我們快速地打包所需裝備，於清晨六點準時出發。

此時天光未現，外在低溫加上強風，我們越走越冷，直到太陽出來，置身於六三○○公尺的風口仍感到天寒地凍，不僅雪鏡結冰，手凍到刺痛，大夥深怕凍傷，拚命地抖動雙手，卻還是無法保住身體的熱能，一點一滴地散失。

由於昨晚的風雪，積雪之深是每踩一步就陷到膝蓋。阿空加瓜峰擁有舉世聞名的「噴射氣流強風」，別說要往前行進了，根本就讓人舉步維艱。強風捲起地上的細冰，只要身上可以侵入的空隙，它一點也不放過。一停下來，吹來的風就像萬條鞭子鞭打在身上，勉強前進兩、三步，又深怕被強風吹走。

巡山員從五五○○公尺高的第二營直接看到這樣的場面，便以無線電制止我們繼續攀登，只好全員下撤。回到基地營，竟發現墨西哥隊員左手有三根手指

舉目所及，簡直冰到最高點。

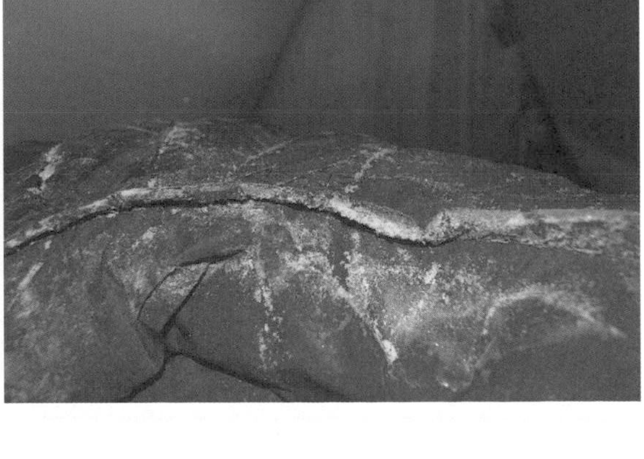

一級凍傷。嚮導說，接下來天氣連續不佳，登頂機會渺茫。隊員仲仁想返回門多薩，登山前輩伍大哥考慮既然天候不佳，又說好全隊共同進退，也就答應了。於是，我們在二月七日回到門多薩。

背負期待，整裝再出發

第一次攀登失敗後下山的這兩天，正值農曆新年前夕，我們卻因爲第一次登頂失敗而心情低落。回報臺灣的歐都納公司程鯤董事長，經過程董的支持，以及力挺到底的情義，再加上伍大哥的一句話：「秀眞，沒有登頂，回去怎麼向臺灣的登山界交代呢？」

我明白伍大哥內心的糾纏與包袱，便答應與他一道同行，再試爬一次。而其他兩名隊員想再休息幾天，順便等候公司第二波資金的援助，所以第二次登頂行動，只有伍大哥和我兩人一道入山。

那時我在門多薩簡單又孤獨地度過生日，趕著要入山的這一天，隊員小泝貼心地買了草莓，說是給我慶生，我的心中卻難過得很。四人聚集在青年旅館的門口，等著車子來接我們再度入山。

這一路三個多小時的車程當中，我可以感受到伍大哥的孤單心情，連笑容都沒有。我們以最快速度回到阿空加瓜峰的基地營，從登山口一路騎騾子顛到四三八〇公尺的基地營。跨著騾子的背折騰了整整四個小時，屁股開花不打緊，身上的肋骨彷彿都移了位，全身又痠又痛，只能乖乖地休息兩天。

以「阿爾卑斯式攀登法」再次進攻

二月十三日，我和伍大哥直接上到第二營五五〇〇公尺，準備隔日凌晨直接從二營去登頂。清晨，帳篷外的空氣一直在冰點之下，霧雪夾雜著碎冰，在我僅有的橘色頭燈光線中翻滾著，閃閃發亮像是許多碎鑽從天而降，但我卻無暇欣賞。

凌晨四點，和伍大哥隨便吃了點東西，騙下自己早已冷到谷底的胃，再次清點背包裡的裝備，伍大哥將帳篷的拉鍊半扯開來，外面的低溫使帳篷的拉鍊瞬間結了冰，寒冰包住了我們要出去的通道。雖然整晚的強風令人輾轉難眠，但我相信伍大哥的直覺，兩人「破」門而出。

冷凝的空氣遍布在黑暗中每個角落，儘管全身包得密不透氣，感覺萬無一失，但一走出帳篷，竟被一陣躲藏許久的冷風狠狠掃了個踉蹌！霎時，硬被灌進幾口混著脆冰的風，這下慘了，好不容易騙暖的胃，咕嚕咕嚕全給喚醒，「餓意」直嚷嚷地提出抗議。伍大哥已開步走，此刻溫度已低到不能再低，每走一步，體內熱能就大量散失，持續下來身體只剩強烈地顫抖，拚命應付襲擊而來的寒冷。

我們企圖從海拔五五〇〇公尺處直上約七〇〇〇公尺的峰頂，途中不宿營，這便是所謂的「快攻」，歐美稱之爲「阿爾卑斯式攀登法」，這對大部分女性登山者而言，難度相當高，因爲需要極佳的爆發力，但我擁有的卻是耐力。

伍大哥攀登速度極快，落後已有一段距離的我壓力特大，雪鏡裡的伍大哥身影從若隱若現，到完全失去蹤影。迎面而來的是無情霜雪，還有胸腔裡像鐘擺晃啊晃、一顆急尋依靠的無助的心。一路上，霜雪黏附在雪鏡和臉頰上，模糊了視線，我試圖用手撥去綿綿冰雪，只是穿戴三層手套的手，像上石膏似的動彈不得，更別說任何觸感與舒適度；想脫手套，卻又深怕雙手凍傷。

在冰雪混合地形中，腳步很難掌控，再加上斜坡陡峭，一不謹愼便會直落千丈，屍骨難尋。此時天空的顏色像是一塊漆黑的抹布，眼前這段模糊的爬坡，行走中只聽見雙重靴上的冰爪和冰雪岩石碰撞的交錯聲響。我的耳朵雖也被層層包覆著，但呼嘯而過的寒風說什麼也饒不了，硬是穿透而入。爲了追上伍大哥，所以我加快腳步，不過也相對的氣喘如牛，喉嚨像是卡著冰塊似的痛苦難耐。

終於，我看見伍大哥的頭燈亮光朝向我照過來，知道伍大哥在等我。當他知道我跟上後，又繼續往前邁進，因爲大哥如果等我太久自己也會受寒的。此時天寒地凍，我想至少是零下二十五度，感覺身上的顫抖越來越頻繁，於是從口袋中挖出糖果，趕緊往嘴裡塞，完全不在乎自己吃下的糖果仍包著糖紙了。愈往高處，風就愈大，幾乎就像是捲起千堆雪，猛烈地打在我身上。

經過一番抵抗，終於爬上稜線。大地看起來像是只睜開一隻眼，在橘色頭燈光線照射下呈現一抹灰黑，感覺很詭異。五九○○公尺的營地在沉重的雲層籠罩之下，零散分布的帳篷也都處於睡夢中。這時我聽見伍大哥說：「秀眞，我看我們還是下撤吧！」天氣不是很好，也沒有其他攀登者正在行動，我點點頭表示贊同。

天空已微微地亮了，我們便一路下撤回到五五○○公尺的第二營地，這時才早上七點三十分。一卸下笨重的裝備，我馬上鑽進帳篷，趕緊用睡袋把自己裹起來，好好睡個回籠覺。伍大哥則拿出《聖經》和十字架專心地禱告著。

首次在海拔五五○○公尺上獨處

醒來時已是早上十點，伍大哥說：「我們今天還是下到基地營，再去運補些東西上來。」但凌晨的攀登已經讓我筋疲力竭，我表示沒那麼好的體力。雖說往基地營全是下坡路段，但也得走上好幾小時，而明天一早又要再上來，恐怕會消耗更多體能。我自認休息才是最佳決策，便表示：「大哥你下山吧！明天你就要再上來，我在這裡等你就好了。」下撤等於要拔營，隔天得重新建營，實在沒有必要。

伍大哥想了想覺得沒問題，就開始邊整理東西邊交代營地事務，包括燃料、食物的事，還走出帳篷去拿嚮導烏里西斯之前存放的預備糧，像是爸爸要出遠門，交代著小孩三餐的食物。最後走出帳篷，再次檢查營帳是否牢靠。一切準備就緒後，我走出帳篷外目送伍大哥走下山，身影漸行漸遠，直到消失在山稜轉角處。

午後從帳篷外投射進來的光有些微弱，帳篷內就只剩下我、一張睡墊，還有凌亂的裝備。在海拔五五〇〇公尺上獨處，還眞是生平第一次。雖然以前曾經有過獨處訓練，但此刻的我依然會感到孤單。我將背包掏空後鋪在睡墊旁，試圖將帳篷的底部塡滿。因爲如果不塡滿底部，晚上的冷空氣來襲，可能會「自我冰封」。

由於我的帳篷高出第二營地約一百公尺處，周邊沒有任何鄰居，唯獨我孤伶伶的一頂帳篷。這營地選擇是參照之前登山公司的搭設位置，一方面是帳篷租借物件已有二十年執業經驗，對山區狀況再熟悉不過；再者，海外攀登經驗老道的伍大哥也自信認同這做法。

整理完帳篷後，我決定出去看看，赫然發現高處的柏林營地（第三營地）上方有一個大日暈，日光呈現一個刺眼的大圓洞，周圍泛著七彩卻詭異的捲雲。我再查看一番四周，發現下方營地也還有人，就放心地進了帳篷。只是沒想到，這一進去，整整兩天兩夜都出不去，獨自在小小的帳篷裡經歷一場始料未及的大災難！

生命之山的試煉

起初，風只是偶爾來敲我的門，但或許是我沒有理會而讓它生氣了。接下來，它展開報復，像是巨人要將我從帳篷裡揪出來，從一開始的劇烈搖晃，接著一陣陣狂風怒吼，強風不斷地從帳篷的底部猛力竄進來，原本鋪好、填滿的帳篷底部，這下子全被翻滾舞動著，有如排山倒海般的巨浪要將我吞噬湮滅。

支撐帳篷的營柱硬是被風壓得變形，甚至緊貼在自己臉頰上，讓我無法呼吸。帳篷幾度陷入被支解狀態，篷內被翻得凌亂不堪，我卻無力抵抗，完完全全屈服於山神的震怒之下。當下我束手無策，只有認命求饒，無助地陷入這似乎永不停歇的暴風雪之中。

當黑夜降臨，周遭環境陷入深不可測的狀態，面對持續的暴風雪，我寫下〈阿空加瓜「風」〉這段短文——「席捲一切，包括靈魂，狂奔巨浪，舞動大地。臣服在祢斗篷之下，無力反抗，靜待平息；渺如砂粒，任由滾動。持有力量，來自四面八方，無人能敵！儘管怒吼掀起任何巨響，那種強勁，足以令人魂飛魄散，無從拾起，直到化為煙、塵、氣流而盡失。」

整晚驚心動魄的磨難，輾轉難眠、恐懼的夜終將結束。二月十五日的早晨，我穿好衣服及鞋子，整理好背包，試圖要下到基地營，因為我知道伍大哥會擔心我。但是，外面的風雪比昨天更強勁了，巨浪一波接著一波翻滾而來，沒有間歇，也沒有任何縫隙可以逃跑，離開帳篷的機會很渺茫。

我打消出門的念頭，開始穩固帳篷內部。以往四人帳篷睡兩人，放上裝備絕對舒適。不過伍大哥下山時，抽走自個兒的睡袋、睡墊，帳篷內變得空蕩蕩，只能任由強風擺布掀折。在那一刻，說不擔心、不害怕是騙人的。當生命不是自己所能掌控時，心情登時蕩至谷底，毀滅性的想像也接踵而至，我不禁恐慌地想著：這一回，我能活下來嗎？

我從未感到如此無助，一連串的自怨自艾後，情緒大崩解，終至放聲大哭。幾分鐘後，我猛然轉念一想：我的哭聲顯然被帳外的風聲鶴唳給蓋過了，有誰能聽見呢？想到這裡，不知怎地，突然淚中帶笑，整個人反而變得鎮定清明起來，就像徹徹底底跌落谷底之後，如果還有一口氣在，你還是得靠自個兒一步步攀爬上來不是嗎？於是我開始找一些有建設性的事情來打發時間，也藉此消除心中的恐懼。

此時，我謙卑且誠心地趴跪著祈禱，請求聖母瑪麗亞……等諸天神佛，讓這一切趕快結束。之後我寫日記，默寫《心經》，並用攝影機錄下一段當時認爲是這輩子最後的一段話——就算被暴風雪捲走了，也還有「黑盒子」存證。

接著，融雪、燒水、煮飯吃，就算上天來接走我，我也不能當餓死鬼。吃飽後，穿上最暖和的羽毛衣，然後把自己緊緊裹在睡袋裡——至少不能冷死。我想我是準備好了，就這樣被吹走。我知道父母親一定很傷心不捨，但應該也會感到很驕傲，因爲他們擁有一個臨危不亂的孩子，即便在獨自面對生死存亡的時刻。

GORE-TEX
ICE+ROCK

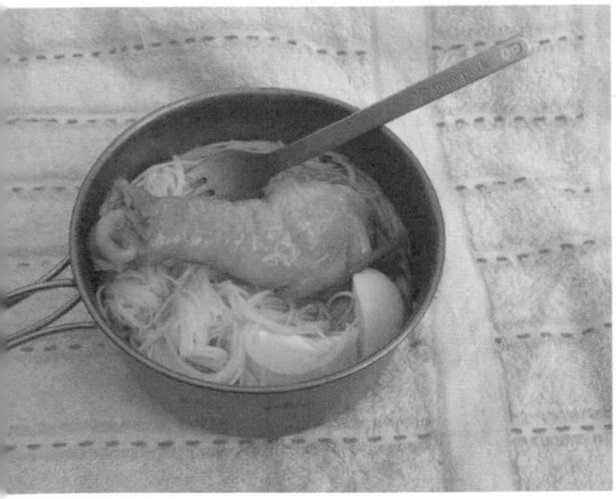

感恩老天爲我開啓另一扇窗

歷經兩天兩夜的暴風雪，就好像打了兩天兩夜的仗，使我筋疲力竭，連翻身都沒有力氣。雖然帳篷外面的風好像停了，但還沒完全止住。直到帳篷上透射了微弱的光線，我將手伸出睡袋外，嘗試撫觸陽光的溫暖。

眞的放晴了嗎？我偷偷地在被窩裡發笑，滿足與感恩的笑，眼淚卻卡在眼角打轉，熱熱地，怎麼也不肯滑下來。直到陽光終於展開雙臂，熱情地邀我走出帳篷。經過漫長的煎熬與試煉，我像是被支解過的身軀如今卻有一種脫胎換骨的重生感。我想，這是挑戰極限之後，老天爲我的人生所開啓的另一扇窗。

兩天兩夜的身心靈折磨，讓我感受到自己的極限，體會生命的脆弱與珍貴，也明白「危機便是轉機」的道理。走出帳篷的剎那，有如破繭而出，雖然迎面而來的仍是凜冽寒風。在帳篷外仔細觀察下方營地，許多帳篷都已被風攤平，甚至被撕得稀巴爛，心中不禁打了個寒顫，幸好自己不是在下方紮營。

正發愣時，眼角出現一道既熟悉又陌生的身影——那不是伍大哥嗎？眼淚再也忍不住，像飛

瀑傾瀉而下！原來天氣轉好後，伍大哥一大早就出發來找我——「昨天一早出門，整個人被風捲著跑，所以不敢輕舉妄動。等暴風雪減緩，不敢有半點耽擱，直奔第二營地，現在看見秀貞妳才放心。」

再和伍大哥見面已是兩天後了。雖是短短兩天，卻彷彿過了兩年那麼久，眞有點恍如隔世之感。剎那間，滿腹的辛酸和感動一湧而出，眼淚從眼角飆落，隨即凝結在空氣中。伍大哥一再地鼓勵道：「秀貞，最艱難的妳已度過！苦難隨暴風雪遠離，接下來，應該沒有什麼困境能難得倒妳了。」

這場暴風雪讓我在絕境中掙扎求生，更體悟到面對艱險時，唯有臨危不亂，勇敢面對，才有機會存活下來。而我有幸獲得幸運之神的眷顧，發願要將這寶貴的經驗傳承下去，奉獻給社會，讓更多人明白在這一呼一吸之間，生命的可貴與價值所在。

有時高處眞的不勝寒

伍大哥帶來足夠物資，我們也順利再次挺進。凌晨三點起床，在零下二十幾度的柏林營地，這是登頂阿空加瓜峰的最後一座營地。伍大哥的策略是不孤軍奮戰，因為人多可以抵擋稜線上的強風與噴射氣流，成功率較高，所以我們坐在帳篷內等待其他隊伍動靜，以便一道出發。

我們等到五點鐘，但其他隊伍仍沒有登頂的動靜，於是決定自行出發。走出帳外，發現黑暗的山稜上已經排著一條條發亮的毛毛蟲在緩緩蠕動著，我們趕緊穿好冰爪向前進，偷偷加入毛毛蟲行列。

凌晨的溫度實在很低，然而海拔約六三〇〇公尺的風，終究還是令人打從心裡產生恐懼，像皮鞭不斷來回抽打我的身心。被風捲起的細冰砂與雪，絲毫沒有放過我們的意思。隨著日出光輝，卻沒有因此變得溫暖，體內的熱依舊分秒散失，只有不斷往前走，才不覺得冷。

總算抵達大風口，上回我們就是在這裡折返，伍大哥提醒我要特別注意，心志必須更堅定，才能通過難關，我點點頭表示明白。再者，行進盡量穿插在外國隊伍裡，借此提升自己的意志力。

短短幾百公尺路程得走上幾小時，風口段實際長約一公里，外加低溫、低壓、低氧與風寒效應，一百公尺的路程有時得花一個多小時完成，但幸好積雪沒有上次來得深。風持續將冰雪捲起，絲毫沒有停歇，儘管我全身包得像日本忍者般密不透風，仍舊難逃被風無情地追殺。

我們經大風口來到大石區，大石高聳近天，眼前是一片碎石坡，由這兒往上一路陡峭。伍大哥決定把背包放在大石區下，輕裝登頂。我帶著相機、旗子、乾糧與水，往峰頂方向移動。

最後這段爬坡約四百公尺長，碎石混著白雪，加上笨重的雙重靴，走一步滑

（圖片提供：歐都納世界七頂峰攀登隊）

兩步，實在難行。雲霧似乎緩緩在布陣著，準備再度將山區籠罩。此時此刻，我的心感到格外孤獨，抬頭望向前方稜線上伍大哥的身影，他即將登頂。

過了一會兒，怎麼又見他從峰頂折回呢？原來我們是今天的第一批訪客，在沒有攜帶相機的狀況下，山頂無人，風大又冷，於是伍大哥折回來陪我走完最後一小段路。這一刻，我深感溫暖，就像馬拉松選手硬撐到終點的關鍵陪跑。

我們終於在下午兩點整登上南美洲的最高峰，登頂的那一刻，我卻頭皮發痲、心臟顫抖，真不敢相信這一刻是真的！身邊的風依舊展現它的強勢，我趕緊拿出相機記錄這重要的一刻——我們終於、終於、終於登頂了！

起初興奮至極，接著心中的落寞感卻湧上心頭。回想以往隊員們一起登頂歡呼，如今卻只剩下伍大哥和我，緊接著登頂的是一名外國人，但絲毫沒有釋放自己孤獨無助的心。那一刻我深深體悟到，原來擁有志同道合的夥伴是那麼的重要，我好想念小浤、仲仁，或許有他們在，情況就不是這樣子了。

環繞頂峰拍攝這千里迢迢的景致，看著阿空加瓜峰的南稜，宛若放大千萬倍的刀刃矗立在眼前向我追砍，然而我已無力還擊。頂峰就只有幾顆石頭，堆疊著微微傾倒的十字架。我向前走去，扶正十字架，並親吻了它，感激上天的不殺之恩，僅僅停留了十三分鐘後，就和伍大哥速速下山。

讓我心慌又疑惑的「迷路事件」

登頂後下撤，過了六三〇〇公尺的大風口後，已經是下午四點左右，不知從哪裡突然來的一場霧雪，白了眼前的路徑。伍大哥一路下山，不知是否忘了我的存在，還是他也累了，連頭也沒回。我呼喊他的聲音卻在風雪中像白霧般的模糊了，他的身影從我的視線裡漸漸消失，頓時感覺又回到前幾天的暴風雪事件中。可恨的是風鏡被霜雪狠狠黏住，像棉花糖一樣糾結占滿，我只能從隱約的結冰空隙中尋找路跡。

憑著腦海中的印象，試圖往柏林營地的方向下撤，但是走得稍偏右側，結果走到了斷崖邊，雙腳不由自主地發軟——這要是掉下去就回不來了！只好硬拖著疲累的身軀，爬回原來失散的地方。觀察四周，發現有個舊營地，心想至少今晚若在此遮蔽風雪，應該不成問題，盤算著背包所攜帶的食物和裝備，或者等待夜晚雪霧散去，再尋找柏林營地的燈光下山。

此刻，風雪中忽然飄現一道人影，我無助的心瞬間得到依靠，那人距離自己約有五十公尺遠。原以爲是伍大哥發現我被困在霧雪之中，折返尋找，趕緊用所剩不多的體力拚命喊叫，以半跑半走的步伐趕緊靠近他，深怕自己的聲音又被風吹散、被霧雪模糊，錯過回家的機會。

但走近時才發現，原來是當天一起登頂的外國隊員，他在下山途中也迷失方向；後來又有其他兩名隊員也找不到路，大家湊在一塊兒，拿出指南針一起找出大概的方向。還好沒多久天氣稍微轉晴，外國隊的嚮導及時出現，指引我們全部的人下山，總算安全回到營地。

回到營地再見伍大哥，心中的不安與壓力終於獲得釋放。只不過對於他爲何不先打個招呼就一路自行下山，讓我在一片霧雪中找尋出路，始終感到不解。更讓人料想不到的是，這次迷路事件竟讓伍大哥和我埋下第二次更難解開的誤會，延燒至接下來的攀登行動。

每個人心裡都有一座屬於自己的「聖山」

完成任務後，隊員們一直期待能回臺灣過年，但因天候惡劣、老天爺的捉弄，我終究也和家人失約了。然而，對於此行所有的陰錯陽差，以及老天爺的刻意安排與磨練，讓我們深刻體驗了大自然的力量，絕非人類能掌握與控制。人類眞的不要妄想改變自然，登上山頂不是征服，而應該謙卑感謝山神願意接納我們的親近。

南美洲的阿空加瓜峰正如我的生命導師，
以最嚴厲殘酷和重重險境之生命考題，讓我親身去釐清、解答與突破。

山並非高就最危險，生命考驗也沒有眞正的通知單。每一位登山者的生命中，相信都有一座令人難以忘懷的聖山，讓自己脫胎換骨，淬煉改變。南美洲的阿空加瓜峰正如我的生命導師，以最嚴厲殘酷和重重險境之生命考題，讓我親身去釐清、解答與突破。

我也相信，每個人心中都有一座屬於自己的「聖山」，在漫長的人生路上，可以使自己脫胎換骨、淬煉轉變。

第十章

與自己和解，與他人和諧。

——麥肯尼峰Mount McKinley攀登紀實

麥肯尼峰Mount McKinley，北極第一高峰，海拔6,194M，位於美國阿拉斯加山脈，阿拉斯加第拿里國家公園內。

第一位站上世界最高峰——珠穆朗瑪峰的日本人，在一九八四年又成為世界首位「冬季」單獨登上麥肯尼峰的人。但隨後卻與外界斷絕了消息，為後人留下一本很酷的生命故事——《極北直驅》（馬可孛羅出版）。

永不放棄，眞實擁抱夢想——登山者的最佳典範

日本探險家植村直己早在一九七〇年，已單獨完攀世界五大洲最高峰，他是我很佩服的登山探險家之一。這並非因為他獲得許多世界第一的紀錄，而是他實踐夢想的決心與態度，遠遠超越目標本身。

尤其為了橫越南極，一九七二年九月，他進入地球最北端的愛斯基摩部落，實際磨練極地生活的能力，讓身體適應氣候變化，並學會狗拉雪橇的技術。為了讓自己變身為「極地人」，他也和愛斯基摩人一起吃生肉、獵海豹。在言語不通的國度裡，植村直己赤誠以待的積極態度，感動了當地住民的心，因而獲得多方協助，甚至成為一名愛斯基摩老人的養子。

他秉持非凡的決心，用生疏的技術駕馭狗拉雪橇獨自出發，在不見陽光的漆黑中獨闖三千公里冰雪世界。儘管最後壯志未酬身先死，但這份踏實與非比尋常的體力及精神，讓全世界都知道他的存在。

二〇〇七年五月前往攀登北美洲最高峰時，我剛好讀完這本書。在北美洲的

夏季攀登已是危險重重，植村直己竟然挑戰冬季完攀，而且還是獨自攀登。他不斷地自我訓練，耐心、毅力、永不放棄的精神，一生眞實擁抱夢想，是登山者的最佳典範。

攀登世界最高峰的前哨站

三月剛從南美最高峰——阿空加瓜峰登頂回來，接著五月中旬又出發前往北美洲。這次的目標是北美最高峰——麥肯尼峰，位於美國的阿拉斯加，非常接近北極圈，可謂北半球冰天雪地的大本營。這是臺灣攀登世界七頂峰行程中的第四座山了，隊員們經過三座高峰的攀登，照理說應該要有相當的信任與默契才是。然而，考驗卻正在前方等著我們。

置身在終年冰天雪地的北極，讓人感到空茫、無邊無際，個人存在已微不足道。這裡的年平均溫度約爲攝氏零下三〇度，冬季平均溫度更低於攝氏零下六〇度。即使夏季，風寒效應與經常性強風，平均溫度也在攝氏零下三〇至四〇度之間。麥肯尼峰的高度雖僅六一九四公尺，但因緯度的關係，挑戰難度不輸給八千公尺以上的高山，被稱爲攀登世界最高峰珠穆朗瑪峰的前哨站。對亞熱帶民族而言，要適應寒帶與極地環境，絕對比居住北國的歐美民族來得嚴苛不易。

麥肯尼峰因爲終年積雪，形成的冰河地形暗藏了許多危險。尤其以冰河裂隙

令人屏息的美麗，卻也危險萬分的冰河地形。

（冰河地表裂縫）最爲恐怖，猶如深海大白鯊張開猙獰大嘴欲吞噬一切，得步步小心謹慎。即使在溫暖一點的夏季，冰河遇熱快速溶解，日以繼夜，無聲無息，裂出更大的縫隙，加深整個攀登過程的風險。

互信互救的「繩隊攀登」

歐都納世界七頂峰活動攀登的第四座山，輪到我擔任領隊一職，負責規畫行程到結束。在冰河裂隙裡遊走二十一天，基本條件需要一條繩子，相互綁住對方，即便上廁所、休息、吃飯等……爲何如此大費周章？因爲在冰河地形上，容不得你獨行。冰河裂隙無所不在，一不小心就會葬送性命。繩子確保隊員之間的安全，當默契不足、行進速度不一，甚至上廁所、吃飯及體能差異等，平常雖是雞毛蒜皮小事，此時此刻卻顯得格外重要。除了睡覺，其他時間都得相互牽制、配合，著實不容易啊！

用繩隊完攀麥肯尼峰，對七頂峰隊員來說更是特別的挑戰。在阿空加瓜峰與伍大哥所產生的誤會，短時間內無法化解，只能有意無意地閃避，盡量別踩到對方的地雷。所幸我和隊員致豪、小泝同拉一條繩，伍大哥則和博政（剛從替代役退伍加入的新成員）拉一條繩，暫時解除彼此的尷尬局面。

繩隊運作不順，容易擦槍走火，惡言相向。反之，運作順利，則建立深厚情誼，親如手足，畢生難忘。顧問們也曾邀請外展學校老師，以攀登麥肯尼峰的過程現身說法。他提到：「整個攀登環境，時時刻刻在險境，分分秒秒要人命。彼此要達到互信、互諒的生命共同體狀態，說服自己，團隊是最好的方式。」

生活在臺灣要從事雪地活動，或許一年才有一次機會。若想長時間在冰河行進，機會眞是微乎其微。爲了讓隊員們充分了解冰河地形與雪地攀登技術的知識，歐都納公司特別贊助隊員前往阿拉斯加登山學校接受爲期十二天的專業訓練。由於致豪、小浙的基礎雪訓很扎實，他們結伴參加在西雅圖雷尼爾山的六天進階課程，因此並未與我們同行。

團隊的專業訓練，對熟悉極地環境、確保生命安全相當重要，包括繩隊行進、雪地裝備打包與使用、登山者態度、攀登技巧、雪地救難技術、自救與救人。除此之外，我也學習到女性該如何在雪地站著小便，教練特別強調：「接下來攀登麥肯尼峰都將會派上用場。」

這以先天或後天傳統觀念來看，都不是一件容易的事。我看見女教練背對著自己，還以爲看錯了！只見她轉身、手上拿了支漏斗，微笑地說：「妳不知道這個東西嗎？很便利、好用。」我恍然大悟，問道：「這……這怎麼用？」她大方秀著使用方法，原本害羞的我也自然接受，到登山學校買了一支，站在馬桶旁勤奮練習。

這麼一來，不僅解決冰河行進時穿、脫安全吊帶等裝備的麻煩，也節省繩隊行進的時間，更重要的是不需要再憋尿，眞是女性登山者的福音啊！我告訴自己，回國後要將此福音推廣給登山界女性，剛開始因習慣與傳統關係，接受度有限，但後來發現它還造福了許多出國與不易蹲廁的女性長輩呢！

對麥肯尼峰原本陌生，但因登山學校的嚴謹教學及魔鬼訓練，讓我們明白該如何親近這座山峰。爲期十二天的訓練，用「慘烈」這兩個字還不足以形容。不過，對一位想從事登山活動者而言，這樣的行前訓練很必須。美國國家公園有這麼一句話：「入山者，需自行負責自己的安全，國家公園不保證能及時救援成功。」

這提醒每位入山者都該認眞地做好自己身體、心理、體能、裝備、資訊、糧食、

以繩隊完攀麥肯尼峰，對七頂峰隊員是特別的挑戰。

安全及環保的準備，才能進入山區活動，而且隊友有難時，應以自己救援爲第一要素。也建議初次前往攀登麥肯尼峰的人，可先進入當地登山學校，接受短期訓練，結業後再行攀登。你將發現，原來自己也能輕鬆自在地生活在北極圈裡。

巧遇臺灣山岳畫家歷險記

五月三十一日至六月六日，七頂峰全體隊員再次聚首，趁著在安哥拉治休息一周，採購攀登糧食及裝備，並完成打包，再乘車至塔奇納鎭的麥肯尼國家公園管理處，辦妥入山證及訂好小飛機機票，前往基地營。巡山員將爲前往攀登麥肯尼峰的每支隊伍，做兩個小時詳細攀登解說及注意事項。身爲玉山國家公園巡山員的我，聽完詳細介紹，獲得許多寶貴知識，尤以冰河裡衛生設備的使用，實在令人大開眼界。

接下來是考驗耐心，等待搭乘小飛機，進入麥肯尼峰基地營。搭機者不能跑遠，因爲天氣一旦變好，馬上就要起飛（天氣好壞，是決定小飛機飛行的關鍵，據說等個三、五天是常有的事）。所以只能在機場旁耐心等候，依規定秤磅，讓裝備登機，絕對不能超重，否則有墜機危險。

看來我們的運氣相當好，才等了一天就準備出發。而且這一天也巧遇剛從基地營回來的臺灣山岳畫家，並聽他訴說這兩天攀登麥肯尼峰途中，掉入冰河裂隙的險境——命是撿回來了，但掉了一隻雙重靴，只好撤回來，其他隊員還在進行攀登。我們聽了，爲他感到慶幸，也以這樣的狀況警惕自己。我們也和他分享先前到登山學校受訓的心得，並祝福他好運，一行人便搭機飛向基地營。

如果不是來登山，也可參加小飛機賞峰活動

六月八日，我們一早就搭上小飛機，興奮與迫不及待的心情直接從眼神迸發出來——原來等待是那麼的煎熬，尤其是在圓夢的途中。這次行動我們沒有聘請嚮導與挑夫，完全得靠團隊的力量進行攀登。

話又說回來，這裡也請不到挑夫。據致豪的分享，攀登麥肯尼峰得靠自己和團隊的力量來完成，當地國家公園對商業團體有入園名額控管與限制，堅持美國精神，特別歡迎獨立自主、擁有自信者前來。

此行有兩方面的意義，一是我們剛受過冰雪地專業訓練，躍躍欲試；另一方面，則是驗收訓練成果。之後，我參考麥肯尼峰國家公園的管理經驗，嘗試將適合國內的入山管制方法提報主管，包括行前講習、雪地管制、主要裝備攜帶、領隊與隊員經驗評估審核等。期盼藉此教育山友們，做好行前準備，才能降低危險事件發生。

坐在小飛機上的一個小時，可說是精彩絕倫。如果不是來登山，也可以參加

搭乘小飛機的賞峰活動，當地就有好幾家航空公司在做這項營運。從小飛機的窗戶往外看，一眼望去全是雪山、冰河，手裡的照相機、攝影機都捨不得關掉，一直到飛機在基地營奇妙觸地的那一刻。

像雪橇犬那樣自行拖運物資

下了飛機，我們先到巡山員辦公帳篷報到，領取預先訂購的燃料，借用免費雪橇。有許多隊伍一下飛機，領了燃料，便趕著開走。我們經過商量，決定在基地營休息一晚，隔天才開始攀登。攀登計畫上記載，抵達高地營前的路線多爲平緩雪坡，隊伍通常會利用雪橇來運送裝備。一聽到雪橇，大家直接聯想到狗兒，不過這裡可沒有哈士奇或麋鹿來幫你拉雪橇，得完全靠自己的力量，拖著雪橇一步一步往上爬。

隊員身上裝備約五公斤，包括安全吊帶、鉤環、繩環等，肩上揹著約十五公斤的背包，拉載著約四十公斤的雪橇，除了個人裝備外，團體裝備要均攤給每位隊員。二十五天下來，我足足瘦了六公斤，果眞是超級減肥班！負重行進於平緩雪坡都還好，要是遇到爬陡坡時，連頭都不敢抬呢！因爲一抬頭發現陡坡還有一大段……雙腳就不聽使喚，容易打結。

就像處在乒乓球陣裡，白茫茫一片，從二二〇〇公尺的基地營到五三〇〇公尺的高地營，裝備與食物搬運並非一次就能到達，需以特殊攀登方式——先運補物資至較高的海拔位置，再回到較低海拔營地休息，這樣一方面可以獲得高度適應，也能減輕第二天往上攀登的物資重量。

在這兒都得自己當雪橇犬，搬運食物到某個營地或途中加以埋設，像松鼠一般藏匿物資，但必須用GPS定位，否則會找不到。我們必須挖個夠深的坑，將要埋設的物資包裹好，包括做好防水措

賓果！垃圾在這裡。

不僅自己當雪橇犬搬運食物，還要有在冰天雪地裡吃飯吃麵的功夫喔！

(圖片提供：歐都納世界七頂峰攀登隊)

施，放進坑裡，再用雪將它填平或堆得更高，最後插上標示旗，如此一來容易辨識自家物資，也避免被烏鴉翻找、啄壞，或忘了帶走，造成環境污染及負擔。

攀登的前半段，除了「累」字以外，實在找不到更貼切的形容詞。所幸大家的高度適應狀況良好，順利往上挺進，比預定登頂日提早三天抵達海拔五三〇〇公尺高地營，一切靜待天氣穩定的登頂日。

深獲好評的「冰上如廁便便桶」

高地營生活機能不便，燃料有限，能吃的多半是太空食物，快熟、輕巧、熱量高、口味特重。此行一名隊員因皮膚過敏，稍稍影響攀登心情，易引起過敏的食物，大家都避免讓他吃，而這通常是海產惹的禍，可是我們沒帶海產食品。經過幾次驗證，才發現他是對大蒜過敏，當眞啥事都有可能發生。

在高地營想大、小便，確實是件麻煩事。置身在北緯六三度，海拔二二〇〇至五三〇〇公尺的高山冰河，光著屁股如廁？光想就夠讓人驚心動魄了吧！再說，帳篷內低溫曾經到達攝氏零下三十度，那麼帳篷外呢？肯定凍僵！在這裡絕無例外的就是結冰。

爲此，當地國家公園與業者共同爲冰河地形，設計出一套冰上如廁法，就是Clean Mountain Can（CMC），是一個適合在冰河地形如廁的便便桶。其構思是來自巡山員魯賓遜和其他登山運動機構著手促成，自一九七〇年推行無痕山林理念，CMC二〇〇〇年開始實施至今，深獲好評。

出發前，管理單位針對便便桶的使用做了詳細說明與示範，並發給適量、用玉米澱粉製成的透明塑膠袋，規定用至八分滿才能換新的塑膠袋，依隊伍人數多寡向國家公園租借桶數，結束攀登後歸還。裝滿排泄物的袋子，有一定拋棄地點（即有標竿旗標示在固定的冰河裂隙），利用長年累月冰河摩擦移動，將便便袋內容物磨得粉碎，化爲烏有，流入大海，無影無蹤，眞的很環保。

CMC便便桶。

堅持，才能親身體驗登頂喜悅

據麥肯尼國家公園統計，今年山區天候狀況很不好，五、六月成功登頂的人數非常少，專家指向與地球暖化有關。因爲全球暖化、天氣變化劇烈，登頂日的穩定期越來越短，加深登頂後下山的危險性。登頂日前夕，透過無線電收音（當地國家公園提供即時氣象預報），得知暴風雪將至，我們商量後決定原地等待，藉此穩固帳篷、整理裝備及調整心境。

六月十七日，我們在高地營被大風雪困了兩天，無法如期登頂。這次不同於上次阿空加瓜峰的暴風雪，因爲大家都聚在一起，雖無法如期登頂，但風雪總會平靜，好天氣會接著來。

和我們一樣在高地營等待的隊伍，冒著新雪覆蓋的危險，迫不及待向峰頂前進，雪坡上形成一條人龍，我們不想錯過機會，跟進出發。極地氣溫不到中午不會上升，漫步寒風凜凜之中，熱力四射的太陽卻沒讓人想脫掉厚重的羽毛衣，可見寒氣毫無收斂。

正午時刻，手錶溫度計竟顯示攝氏零度，我一度以爲手錶壞了！手腕有羽毛衣袖子和手套保護著，若加上體溫，照理說溫度不該只有攝氏零度才是。但經求證後確認是眞的，穿再多都不夠暖，這便是極地的特色吧！

攀上主稜，有個大冰原，寬廣得像座足球場，用來舉辦世界盃足球賽或曲棍球賽肯定有趣，我和小浒這麼胡亂聊著。不過，怎麼可能在低氧環境下做劇烈運動，除非背著氧氣瓶打球！

下午四點，距離登頂還有五百公尺，從足球場爬上稜線，陡坡不斷，一路喘著，步伐變得又小又慢。眼前看似冰壁盡頭，伸手可碰觸天，拐了個彎，又是段陡坡，反反覆覆，終於抵達傳說中的劍稜地帶。在這裡，一次只允許一人通過，若不小心墜落，將摔落一五〇〇公尺深。但這許多的阻礙，阻擋不了登山者對麥肯尼峰的熱愛，我們總會不斷地告訴自己要堅持下去，才能親身體驗登頂的喜悅。

下午五點登頂成功?!

六月十九日，我們在寒冷的低溫下足足走了七個小時，終於在當地時間下午五點登頂成功。五名隊員相擁於北美洲的麥肯尼峰峰頂，海拔六一九四公尺。歷經無數日子，點點滴滴艱辛化為冰雪，凝結於此。

但是！登頂時間怎會在下午五點呢？以臺灣、甚至世界最高峰珠穆朗瑪峰來說，都是過午不登頂，主要是因為午後天氣容易驟變，理應清楚這個禁忌。

一九九六年珠穆朗瑪峰南側路線所引發的山難事件，就是因為太晚登頂，無法如期回到高地營，造成許多登山家遭遇暴風雪襲擊，葬身於八千公尺山區。但不同於珠穆朗瑪峰、臺灣山區時間狀況，北美洲麥肯尼峰在夏季是永晝狀態，所以下午五點還能在頂峰欣賞風景。

登頂成功並不表示真的成功，常言道「上山容易，下山難」，當體能消耗、精神鬆懈，從峰頂下來才是最危險的時段。兩個膝蓋有如汽車煞車皮，拚命止滑，疲累揮之不去，能夠撐到最後，全憑意志力。

晚上九點，全體隊員安全回到高地營，沒有星空月色，盡是白茫一片。征戰了一整天，頓感四肢無力，我簡單用過晚餐，直接將自己塞進睡袋，呼呼睡去，此時就算有再大的風雪，似乎已無關緊要。

驚險跳跨一連串的冰河裂隙

休息過後，我們在六月二十一日沿路下山，清理各營地。下午兩點，決定一口氣直奔基地營。因爲白天太陽強烈，原本看似扎實的冰，不斷融化、增加冰河裂隙，下山過程充滿危險。晚上雖是永晝，卻不見太陽，氣溫持續下降，好處是冰河裂隙不再增加，稍微安全些。

越過一連串冰河裂隙，好幾次隊員已安然跳過，輪到我跳跨時，即使用盡全力仍部分踩空，險些掉下去。掉下去會是什麼感覺呢？——人懸空著，就像掉進大白鯊的嘴裡，會被生吞似的恐怖！

還好大家都受過訓練，知道要如何救援。在我前面的致豪立刻趴下，用冰斧扣入雪地，這就是所謂的「冰河地形的滑落制動」，有別於冰壁，穩定自己之後，再慢慢地運用繩索救援系統把我拉上來，這也正是不建議獨自攀登此山的最大原因。眞是一趟非常恐怖的經驗，讓我深刻感受到團隊互助是多麼地重要。

因爲是永晝，所以不需頭燈。我們從四三三〇公尺直下二二〇〇公尺，只停第二營地簡單用餐，就繼續趕路。途中巧遇兩位盲人需要協助，他們視野茫茫、狀況連連，但勇氣令人欽佩。視力正常的我們已危險重重，他們近盲竟能度過重重險境，穿越冰河裂隙。既然大家有緣相遇，決定一路協助到基地營。

沿途使用Garmin 公司提供的GPS，記錄此行攀登軌跡，也能找到先前埋

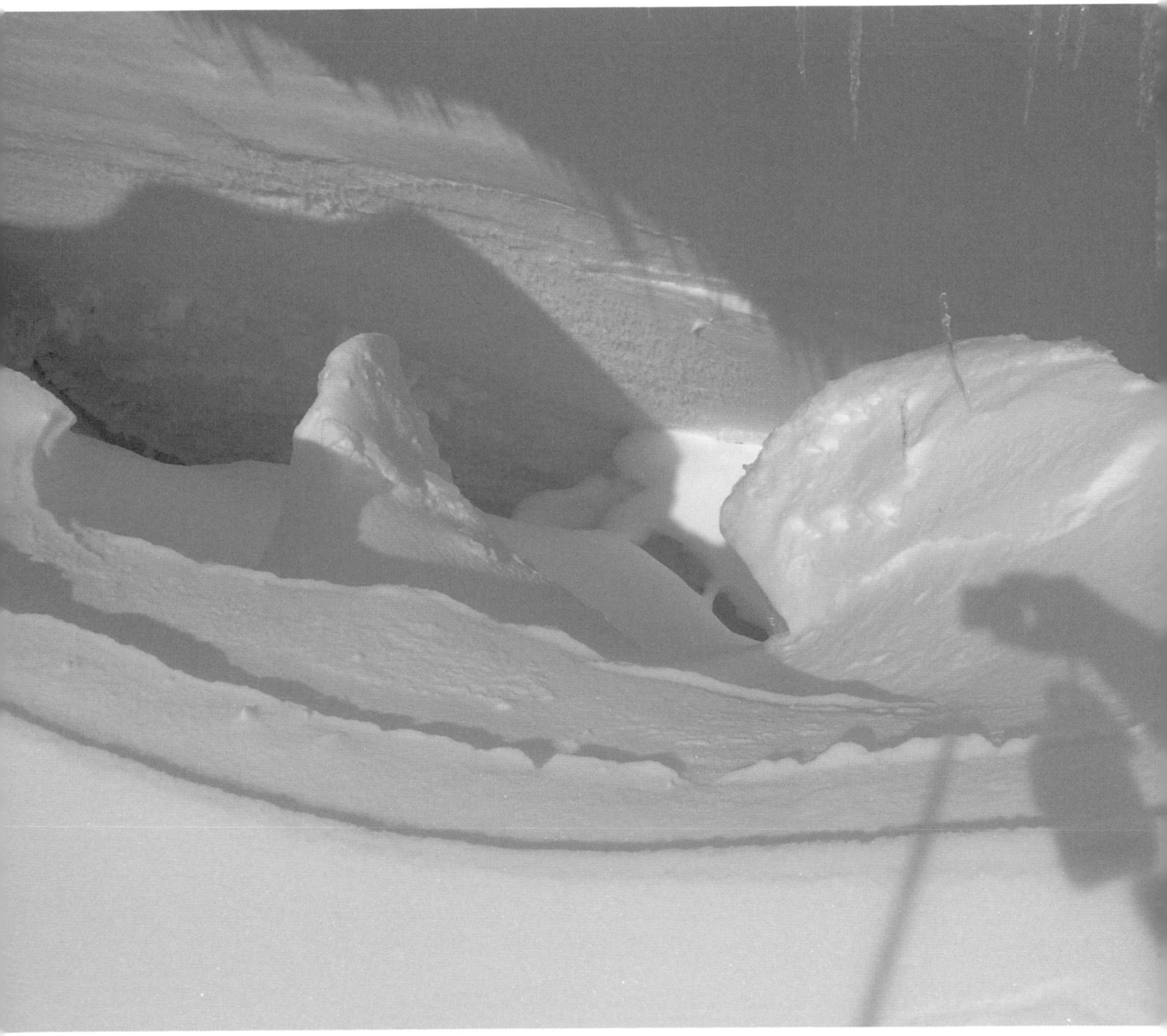

稍一不慎，就可能掉落的恐怖冰河裂隙。

設的垃圾標記點，必須挖出來背下山。一路經過十四小時的奮戰，時間從下午到清晨，親眼目睹永晝黑夜，這一幕像夢境般朦朧。快到基地營時竟下起大雨，但我們總算平安抵達基地營，身爲攀登領隊的我，終於可以鬆一口氣。

本以爲可以提早回家，沒想到麥肯尼峰捨不得讓我們走，用天氣困住我們。小飛機沒有辦法起飛，整整四天四夜過著冰雪生活。在基地營等待飛機的同時，每支要離去的隊伍，都必須幫忙踩踏飛機起降跑道，好讓飛機順利起飛。直到第五天的晚上八點三十分，我們終於搭上小飛機，飛機再度升空，這回興奮的心情中多了一份自信與成就感。

如果道歉可以讓彼此更好

關於在完成阿空加瓜峰的攀登後，隊員之間產生了心結，或許是遊戲規則的矛盾所造成，也或許是彼此從之前的不熟悉，轉而開始更了解對方，因此，每個隊員都用自己的放大鏡在檢視對方，如果心胸不夠開闊、不夠包容，彼此之間就會慢慢築起一道牆，而每一塊磚，都是一次誤會、一個心結……

還記得此次攀登麥肯尼峰的出發前夕，伍大哥在開行前會議時，當場表態不和我登山！這樣的情況是很糟的，因爲接下來要攀登的麥肯尼峰是必須以結繩隊的方式攀登，如果缺乏團隊默契，又無熟練的雪地技巧，危險性就大大提升。

基於此，身為領隊的我心理壓力非常大，再加上與伍大哥的誤會，有如冰河裂隙越來越深。在攀登麥肯尼峰之前，我們一起參加阿拉斯加登山學校為期十二天的雪地訓練，雖然與伍大哥結成繩隊的機會不多，我也盡量不去想之前在阿空加瓜峰獨自遭遇暴風雪等事件後留下的心理困惑。我多麼希望能夠早一點將誤會澄清，一起愉快地登山，但也明白誤會是需要時間來解開的。

在攀登麥肯尼峰期間，大家表面上和平相處，其實氣氛有如當地的天氣凝結著霜雪，既不開心也笑不出，場面尷尬。直到完攀麥肯尼峰後，下撤到五三○○公尺的第四營地，伍大哥再也忍不住發飆了。爆發的原因主要是阿空加瓜峰所引來的導火線，其次應該是來自贊助廠商，在攀登方式上的種種矛盾而延伸的事端。

這一路上，其實我心裡一直很不好受，雖然和伍大哥認識的時間不是很長，但他是我們在登山界很敬重的登山前輩，也是我們學習的典範，觸犯到伍大哥絕非我自己所願。在莫大的壓力之下，我再也承受不住地痛哭失聲，凝結在冰天雪地的登山氣氛似乎隨時會讓自己心跳停止，當下讓我一度想放棄這樣的登山模式——既淘汰又競爭的團隊攀登模式，甚至強烈感受到人與人之間的相處真的好難。之所以這般傷心難受，是因為自己很在乎這得來不易的手足情深，絕不希望導致這樣的局面發生。

後來，幸好有致豪從中穿針引線，鼓勵我面對現況。經過無數次的內心掙扎，我終於想通了，決定鼓起勇氣，帶著最真誠的心，當著所有隊員的面向伍大

（圖片提供：歐都納世界七頂峰攀登隊）

哥鄭重地道歉——「因為自己年紀較輕、思考角度與方向不夠深思熟慮，言語和態度表達過於直接，故造成誤會。懇請大哥原諒！」

那一刻我心裡很清楚，誤會要馬上解開、回到原貌仍需要時間，能做的是誠心誠意表達自己的歉意。當下，豪氣萬丈的伍大哥不計較地說，是歐都納公司讓我們不打不相識，並表示原諒了我。只是，我斗大的淚珠仍在眼眶裡轉呀轉，心想：這或許就是人生吧！

圓滿、沒有誤會，就是一件很快樂的事。忽然間，壓在我心中許久的大石頭終於如釋重負地卸下來。相較之下，得到大哥的原諒對我來說，反而比登頂麥肯尼峰還來得讓人欣喜若狂。

北美洲第一高峰——麥肯尼峰，是歐都納七頂峰計畫的第四座高峰。不可否認地，每一座山峰都有其獨特的美，我們需要以虔誠與感恩之心，才有機會親近世界巨峰，登上頂峰一覽壯闊景致。

第十一章

心隨境轉，日子才能過得輕鬆。

——卡茲登茲峰 Mount Carstensz 攀登紀實

卡茲登茲峰（亦稱查亞峰）Mount Carstensz，大洋洲第一高峰，海拔4,884M，位在印尼新幾內亞島西部，伊里安查亞省蘇迪曼山脈。

據說，我是首位成功登頂卡茲登茲峰的華人女性，搭乘返回臺灣的班機時，懷疑自己是否曾到過這裡?!此攀登行動幾乎全程受限，我的部分靈魂也留在這神祕又遙遠的查亞禁地了……

體驗灌香腸一樣的高速公路

二〇〇七年九月五日，臺灣歐都納七頂峰探險隊繼北美麥肯尼峰之後，準備攀爬第五座山峰——大洋洲的最高峰卡茲登茲峰，又稱查亞峰（Puncak Jaya），海拔四八八四公尺。由於西巴布亞地區內亂頻繁，爲確保性命安全，我們選擇參加當地登山公司的攀登行程。

新幾內亞島靠近赤道，西部隸屬印尼所管轄，面積僅次於世界最大島的格陵蘭。對我而言，像去了趟地獄，堪稱一輩子難忘的回憶！那道神祕之門——斑馬牆（Zebra Wall），彷彿阿里巴巴的「芝麻開門」。走進蠻荒、神祕山峰，熱帶氣候又悶濕又膠著，分不清眞實或虛幻，回到現實生活，總覺得遺漏些什麼。

飛機抵達印尼首都雅加達，感受到的風並不熱，身上卻已汗流浹背！投宿過境旅館，以方便搭乘隔天要飛往西巴布亞的國內班機。登山公司的人準時來接待，並將隊員們的大背包用麻布袋分批裝好，這超像臺灣原住民登山才有的打包習慣。完成工作，給過小費，趁著午後空檔，大夥兒搭計程車進城去。

喊好價錢，擠進一部老爺車，正逢下班尖峰，整條馬路像灌香腸，緩慢等著被灌入高速公路。隔壁車道卻暢行無阻，原來有前導車開路，大官享特權，平民等閒雜車只能靠邊閃。司機技術性犯規，車已奔上高速公路，直達市中心。據說，沒進雅加達城就不算到過印尼。

在印尼，台幣一元可兌換二四〇印尼盾，瞬間致富、一夕成為百萬富豪。來回一趟雅加達，車程約兩個半小時，車資竟付了幾十萬印尼盾，是生平花錢最過癮的一次。不過，當地消費都是萬元起跳，逛街購物很快就會變回窮光蛋！

雅加達的市區與臺灣夜市同樣熱鬧，應有盡有，交通也容易打結。令人不可思議的是，汽車、摩托車、三輪車、腳踏車……喇叭聲不停地嘶吼之後，死結很快地自然打開。為品嘗道地的印尼菜，我們參考旅遊手冊裡介紹的餐廳，從咖哩雞肉到椰奶螃蟹及各種調味，如蝦醬、檸檬……等，充滿熱帶風情。

連日舟車勞頓，根本沒什麼睡。清晨三點半在過境旅館痛苦下床，整理好所有行李、準備出發。下樓就是國內機場，順道買甜甜圈和橘子汁當早餐，又花了十幾萬印尼盾。這次參加登山公司攀登卡茲登茲峰的行程，一共有六名隊員，包括臺灣四名、中國及西班牙各一名。

飛機飛越太平洋，因氣壓關係，耳朵唧唧叫。機師技術很好，飛行平順。令人意外的是，機上竟有貼心早餐——印尼蛋包（內含番茄、蘑菇、火腿、起司），超級感動。

兩個小時後，飛機安全降落峇里島機場……目的地還沒到呢！我們得再搭三個多小時才到西巴布亞。原班機再度起飛，想補眠，午餐卻接著來。天啊！搭過那麼多國的班機，就屬印尼航空最周到，重點是照三餐餵喔！

濕、悶、熱，令人不安的車程

飛機終於降落在西巴布亞的提米卡機場（Timika Airport），這是一座鐵皮屋搭建的航空小站，行李爲人工搬運，旅客不多，通關快速。登山公司負責接待的人名叫陶德，外表年輕、一頭鬈髮和一口不整齊的牙齒，說話時眼皮不自主跳動。在陌生國度裡，雙方形式性的互打招呼、點頭，沒特別交集。我們直接被引進休旅車裡。當下空氣充斥著不安，彷彿隨時會發生衝突；此刻，保持沉默應是最好的方式。

來到西巴布亞，陽光露臉又同時下著雨，鼻子感覺濕熱，全身悶悶黏黏，馬路旁矗立著頂天的椰子樹，典型的熱帶氣候。登山公司的車子從機場直接送我們到一戶民宅，揮甩起一堆塵土後，終於停下來。一下車有種熟悉感——水泥地板夾雜著黃泥土，老舊矮門與斑駁的牆面，彷彿回到三十年前的外婆家——純樸簡陋，這是早期臺灣鄉下才有的景象。

我們被引進一間小飯廳，牆壁上的電風扇正呼天搶地死命轉著，卻沒有太大作用，空氣依然悶熱，像一盤死棋，風扇的風只是被派去送死的士卒，我們被將了一軍。想上洗手間，走往主人指示的方向，站在廁所門口猶豫了一下，天啊！跟上次到非洲市區沒兩樣，濕暗的廁所充滿尿騷味，蹲式馬桶滿是黃垢，只好憋著氣速速解決，趕緊逃離令人作嘔的廁所。

負責接待的陶德主動爲我們送上橘子汁，玻璃杯裡飄浮著黑黑的顆粒，沒人敢嘗試。出外什麼都不怕，就怕瀉肚子。後來，大家有默契地改點礦泉水。不到一會兒功夫，道地印尼菜全上桌，香噴噴地肯定盤盤都下飯。不過，從臺灣搭機至此，連續吃幾次飛機餐，肚子根本不餓，陶德卻不斷暗示我們：現在不吃，入山後就沒得吃囉！大家只好盡量塞、用力吃。

「專車接送」購買紀念帽

用過餐，陶德讓我們分坐三台小型轎車，司機都很年輕，車內改裝得酷炫，音響放出重金屬搖滾樂，耳朵只聽見「蹦、蹦、蹦」的重音，心臟被震得七上八下，非常難受。

車子載我們到一家簡單……應該說是簡陋的旅館，門一打開就是一張床，走到底是浴室兼廁所，空蕩蕩的連個其他擺飾都沒有。浴室只有冷水，沒有香皂及浴巾。令人納悶的是：牆上一面兩公尺長的大鏡子，到底要照什麼？

梳洗完畢，悶熱、濕黏感覺並沒有改善，只想出門透透氣，順便買頂帽子，便向陶德說明自己每次攀登行程，都習慣買一頂具有當地特色的帽子，以便登頂時，戴著照相留念。沒想到卻被一口拒絕，經隊員致豪一再爭取，才勉強獲得允許，並派專車送我們到商店，還特別吩咐：「買完要趕緊離開！」匆匆付了錢，迅速回到旅館。後來嚮導說明情況：當地三個月前才結束暴動，緊張氣氛未完全消除，為安全起見，不可太招搖。說穿了，就是外地人不准出現在大街上，只能躲躲藏藏，不能透露身分，所有行程都得秘密進行。

下午四點，打包好入山的東西，再度坐進轎車。天色漸暗，蚊子全得到解放，充滿血腥暴力蜂擁而上，無處可躲，直到車窗緊閉，冷氣開放才情況好轉。此時忽然下起傾盆大雨，迅速淋濕車窗，車子快速穿過大街，抵達軍營。軍營城牆和高大的柱子，隔絕與外界的聯繫。

我們在此換搭軍車，黑漆漆的夜，似囚犯又像偷渡客，深怕被發現，性命堪憂。剛爬上軍車，濃烈的柴油味撲鼻而來，隨後引擎發動，如五雷轟頂，震得全身發麻；待行李全上車，終於駛離戒備森嚴的黑暗牢籠。

換搭軍車進礦場，前往基地營

西巴布亞因地理位置獨特，加上島民爭取民族自決，造成長期政局不穩，想要攀登卡茲登茲峰必須獲得印尼政府許可，此行我們幾乎沒有自主性。要順利完攀這座山，對於攀登者來說，不易親近。前往基地營，需要由軍方接送，還得穿過一處礦場，整個過程遮遮掩掩，毫無自由。

軍車行走在石子路上，搖晃、撞擊，一路顛簸，破舊玻璃窗及車門發出嘎嘎聲響，感覺像隨時都會解體的破銅爛鐵。車廂內還散發著潮濕與老舊的鐵銹味，混合嚮導與廚師不斷吞雲吐霧的菸草味，難受極了。約半小時，軍車來到油庫，加滿油再度出發，車上守衛慎重地警告：「沿途不准點燈、站立，喊趴下就得趴下。」

車窗外，大雨忽疾忽停，雨水潑進不斷被震開的玻璃窗，將椅子噴得濕答答。車子數度掃過雨林、刷過樹枝，壓過鐵橋、鑽入隧道。一小時後，軍車開始吃力地爬升上稜線，轉個大彎，此時我們才看見在山谷中通明的燈光。

這一刻，特別能感受燈光在黑暗中是那麼具有溫暖與安定心靈的魔力！然而，深山中怎會有如此的另類城市呢？原來這不是城市，是一座可怕的礦場，全是由組合屋構成的建築物，有教堂、集會所等等，還有大型機具、礦車軌道、坑道。

礦場共有三個區域，我們來到第二區員工宿舍（核心區）裡的軍營，目測礦區應該有一座臺北市那麼大吧！經過探照燈底下，趁機看手錶的海拔紀錄，顯示二一〇〇公尺，時間晚上九點。

經游擊隊臨檢，喬裝成礦工模樣去登山

軍車終於停下，車門被用力推開，衝進幾個提槍的游擊隊員，走來晃去，像威嚇又像保護，我們完全沒心理準備會出現這般場面，心想：不過爬座山，卻像戰敗俘虜，任人擺布，連上廁所都不准，膀胱都快爆開！幸好我們堅持需要解放，否則還不知得捱多久呢！

一開始，竟只准一個個站在車門往外上小號，但我是唯一的女生，總不能和其他男生一樣，站著往外灑吧！恰巧，接應我們到登山口的吉普車剛抵達，趁著換車之餘，淋著雨趕緊到暗處，解決脹痛的膀胱。接著，又被趕上礦區小吉普車，還被要求戴上礦工帽、穿上工作背心，喬裝成礦工，快速駛離軍營，直奔登山口。

吉普車鑽進坑道，坑裡長得一個模

喬裝成礦工、搭乘軍車去登山，
卻又準備七彩大雨傘給我們……這樣到底是隱藏還是凸顯呢？！（圖片提供：歐都納世界七頂峰攀登隊）

樣，難以分辨方向，東鑽西闖，好似地下迷宮，又像海蟲化石孔道交錯。坑道內滿是礦灰，令人窒息，患有幽閉恐懼症者肯定受不了。車子搖晃更加厲害，半晌，終於駛出平面道路。

從提米卡機場下飛機到現在，不過才幾個小時，我們通過層層關卡，現在眼前又出現一輛大型推料車，約一．五層樓高，一個輪子就超過一公尺高、寬半公尺，巨大無比，我們搭乘的小吉普車相較之下，簡直就像一台迷你玩具車。

礦場每天三班制，日夜不停地開採，據說每天產值高達一百萬美元。它是由美國投資，名叫「自由港」礦區。諷刺的是，根本感受不到半點自由，反倒是佈滿緊張、恐懼的氣氛。大約一小時後，車子才完全越過礦區，抵達卡茲登茲峰的登山口──斑馬牆。

神祕之門──如眞似幻的斑馬牆

下了車，像被拋棄在世界最蠻荒之地，雨滴夾帶著礦灰，重重黑黑地落下，呼吸不到一丁點乾淨空氣。嚮導爲大家準備印有「五百萬保障」字樣的七彩大雨傘，撐著傘、背著大背包、打著頭燈在漆黑中前進，踩著石子路來到名爲「斑馬牆」的登山口，海拔三八〇〇公尺。卸下背包，嚮導發給隊員餐盒，裡頭裝著炸雞和飯糰，說是晚餐，便趕緊塞進嘴裡，以減輕背包重量。

晚上十點半，原以為會在斑馬牆附近紮營，但嚮導說：「繼續向基地營挺進！」行程無法自主，黑夜行軍，腳踩濕軟的水草團，鞋子持續陷入泥濘，隊員們撐傘、點頭燈行進，彷彿一朵朵發光蕈傘，在山裡緩慢移動，畫面驚奇有趣，宛如日本宮崎駿的卡通影片，虛幻又迷離。

我們一路上走走停停，從平地直接趕往四二〇〇公尺，背著三十公斤重裝，黑夜裡寒氣直逼心臟，沒有高度適應的機會，也沒有任何與行程相關的資訊，全憑想像。我告訴自己，不斷地走就對了。到了凌晨兩點半，總算抵達基地營四二〇〇公尺，看見幾頂黃色帳篷，才明白登山公司已安排好一切。當時只想休息，儘管帳篷濕漉漉，營地不平又一邊傾斜，我仍趕緊進了帳篷。

卡茲登茲峰的登山口——斑馬牆。

心想這一路走來真不可思議，甚至有些荒謬，像電影情節般一幕幕地快速閃過。那怵目驚心的礦場，不久的將來整座山會被夷為平地，那廢料呢？當然是往最近的河裡傾倒，造成環境污染？人民該如何？我想起自己的外公也是死於礦工中的職業病——塵肺症，不禁感到帝國主義掠奪的殘酷後果，全由老百姓來承擔，多數人只能搖頭嘆氣。花了大把銀子打通關，爲攀登世界級高山，對照這趟行程上所看到這塊土地與人民的遭遇，強權國家的掠奪實在讓人憤慨。想著這一切，就無法安穩入睡。

將任性的雨當作甘露

九月七日早晨起來，平靜的湖面像是鏡子一般明亮動人，我們好好休息了一天，希望隔天就能去登頂，可是嚮導說，副嚮導今天很累，所以按原定時間九月九日去登頂。

基地營的腹地不大，周圍都是水池，有深有淺，有清有濁，草花點綴，算是荒地生機；潮濕也使得岩石佈滿青苔，看起來毛茸茸的。整個營地並沒有清潔管理，隨處可見亂丟的垃圾，包括登山者使用的罐頭、垃圾與壞掉的傘，還有菜渣廚餘任意傾倒，排泄物在水源下方隨意四散。垃圾皆以火燒方式銷毀，金屬類製品無法消除，留下鐵銹、污水滲入泥土裡，環境之髒亂令人憂心。

雨持續地下，水氣入侵了全身的細胞、骨頭，就像紙箱泡在水裡全糊了。典型熱帶高山氣候，總是無預警地下起滂沱大雨，你得司空見慣，因爲它想下就下、愛下就下，沒有原因、沒有理由，成天濕漉漉，再大的傘，防水仍是有限。雨持續地下，哪兒都不能去，只好窩在帳篷內做伸展操，念經祈求老天爺給個好天氣，讓我們能順利去登頂。

兩天的等待，天氣終於緩和。午夜彷彿還聽見雨聲，但對我們已無影響，在這裡的雨就當它是甘露，心若不隨境轉，日子絕對不輕鬆。難怪這裡的生活步調非常緩慢，一來太陽曬死人，二來下雨淹死人，三來濕熱悶死人。

學會跟岩石對話，勇闖「地獄千刀山」

凌晨兩點半，大家興奮地起床，終於等到登頂日了！廚師早把早餐準備好，喝了熱茶、咖啡，三點準時從基地營出發。我們點著頭燈，穿戴好攀登裝備，攜帶必要的攝影器材。

來自西班牙的隊員和嚮導先出發，我們跟隨在後，一片漆黑中，隱約可見路跡。抬頭仰望滿天星斗，尤其獵戶座，像盞明燈點亮了清冷晨曦，加上無風，是適合攀登的好日子。大約步行一小時，來到起攀處，經過幾天雨水的洗禮，讓大家將那把「五百萬」的傘當成隨身物品，心想：「回程肯定會下雨！」所以將它放在起攀點。

致豪要大家再次確認彼此的攀登裝備，因爲眼前是一面巨大岩壁，全程必須攀岩，「自我確保」是出發前最重要的工作。接著開始攀登，沿

學會跟岩石對話，肢體自然擺盪，岩壁雖陡峭，越爬越有自信。

著第一段岩溝（約二十公尺）往上攀爬，粗糙岩質增加摩擦力，讓我像蜘蛛人般地「暢爬」無阻。一段接著一段，學會跟岩石對話，肢體自然擺盪，岩壁陡峭，越爬越有自信。

登上第二段岩壁，依稀可見幾天前越過的大礦區，散佈著大片燈光，目視直線距離應該不到五公里，難以想像山中藏著一座金礦場，被分分秒秒不停地開採，挖啊！挖啊！挖啊！整座山就快被鏟平。腦子裡想起這檔事，心情越感到沉重，一再嘆氣。所幸此時，黎明的寶藍色映照在山巔、巨大山壁上，光芒耀人，美得讓我暫時無暇作他想。

有別於前幾座攀登的世界高峰，不見厄爾布魯斯峰及麥肯尼峰的白雪皚皚、冰河裂隙密佈，亦無阿空加瓜峰的風聲鶴唳，或是吉力馬札羅峰的遼闊莽原與火山灰。大洋洲的卡茲登茲峰是名副其實的鬼斧神工，劈得刀刀精準、刀刀鋒利，「地獄千刀山」應該是最適當的形容詞吧！

沿著固定繩，走在刀鋒之上、劍稜之巔，像武俠劇飛簷走壁的場景，精彩刺激。天微亮，攀爬上第二段岩壁，眼前出現一長串岩溝，我選擇攀走岩面；走岩溝裡應較有安全感，但習慣岩面其實也還好。攀上主稜線，可見四周風景，晨曦中雲海湧入群山峻嶺，海拔變高了！正開心拍攝之際，一群人擠在一塊岩石上驚呼，眼前這段橫渡……天啊！懸崖深得直見起攀點。

嚮導利用繩索橫渡，先通過懸崖，在對面接應，隊員一個個輪流通過，過程可比雲霄飛車刺激。懸在腳下的萬丈深淵，不斷向你招手，有懼高症者，可別輕易嘗試。眼前這條稜線要過五關，但不用斬六將！嚮導正經八百地說：「這懸空繩索是半年前架設的。」聽起來安全性堪憂。

輪到西班牙隊員橫渡，只見他在胸前不斷比畫十字，口中念著聖母瑪利亞，最後脫口而出的竟是「媽媽咪呀！」的顫抖聲音，可見他嚇壞了。繩索被用力來回摩擦，滑過的同時，白色冰雪不斷從繩索翻落，接著繩子忽然不動，懸在半空中。當下想起美國影星席維斯．史特龍主演的電影《巔峰戰士》（Cliffhanger）中的驚悚畫面，此時此刻真實呈現，不免也替當時的他捏了把冷汗。

費了九牛二虎之力，終於通過驚險橫渡，嚮導透露還得再越過一段俗稱「老虎口」的險關——右邊是斷崖，深不見底，似臺灣太魯閣峽谷的錐麓斷崖。因此心情緊繃得不敢鬆懈，直到通過老虎口，恐懼氣氛才稍微緩和。沿著山壁續行，忽見岩上覆蓋白雪，眼前白雪是真的嗎？這裡可是如假包換的赤道地區，屬熱帶氣候，山頭竟白雪皚皚，這怎麼可能呢？莫非又是幻覺？

越過一段又一段的驚險，終於來到峰頂正下方，最後一段岩壁垂直約五十公尺的落差。拉高脖子往上看，天啊！還得「撐」一下才能登頂，拉著輔助繩，腳踩冰雪岩石的混合岩溝，半爬半滑，抵達最後五公尺處，副嚮導推著我的背包，緩緩往頂峰走去，陽光正穿透薄霧灑在雪岩上。

我們在早上九點登頂大洋洲的最高峰——卡茲登茲峰。我將臉頰靠在岩石上，許久，許久，深怕錯過美好時刻，趕緊拍照、打衛星電話回臺灣報告好消息。說時遲那時快，山中霧氣偷偷漫過山稜，籠罩整個山頂，看來得趕緊下山。

小心！地獄簾幕再度緩緩升起

爬坡上氣不接下氣，心臟都快被甩出去；但下坡正好相反，心情就像牧童趕著羊群、吹著口哨、伴著夕陽回家。其實下山難度與危險，要比上山來得高，鬆懈心情、薄弱體力、萬變天氣，都是山難事故發生的主因，得時時刻刻告誡自己，小心謹愼爲上。

回程時，鋒利的岩石地形以及霧氣瀰漫，地獄簾幕再度緩緩升起，一群人猶如後有追兵趕著自己，要快！要快！手套被粗糙的岩石與固定繩急速摩擦，破了好幾個洞，這一路換了兩雙手套。

遇到幾段鏤空地形，得像青蛙一樣，先跳到墊腳石才能接到另一頭的路徑，地形落差太大，我也發生小墜落，幸好有確保繩和伍大哥及時伸出的大手，輕易就把我從斷崖下拉起來。再次感謝伍大哥，他在隊伍中就像一根穩固的支柱，他的大手象徵我們全隊的力量。

再次回到懸空的橫渡區，許多石頭縫恰巧是登山鞋的寬度，急著下山，腳被卡死在石縫裡，拔不起來，彷彿有人硬拉住自己的腳。致豪見此狀，要我先把腳拉出來，鞋子再另外拔起來，這招眞管用。終於，有驚無險地度過這懸空地形。回頭一望，眞不敢相信竟安然攀越如此陡峭的岩壁，多虧有大家的協助，才能順利回到起攀點。

回望卡茲登茲峰，一輩子可能就這麼一次

中午十二點，「雨」果然沒有遲到，回望卡茲登茲峰朦朧的山影，捨不得那麼早回營地，撐著傘漫步雨中，躊躇在最後還可看見山峰的平臺。致豪坐下來說：「再看一眼吧！這輩子可能就只有這麼一次到查亞峰，可得好好把握這一刻。」雨霧中，查亞峰變得溫柔深邃，不再鋒利尖銳，忽隱忽現，最後消失在雲霧中。

隔天用過午餐，準備下山。午後，理應下的雨沒有誤點，打著「五百萬」的彩虹傘下山，心情愉悅。還記得幾天前，向夜行軍般地走過這段路，白天景色之淒美讓人流連，腳步越走越慢，峽谷山澗與大大小小似明鏡的水池，交織成一幅寧靜悠遠的水墨畫，黑白分明。

若沖洗黑白相片，顯影時刻儘管只有黑與白的簡單色調，卻比彩色相片來得令人深刻、難忘，有種嘗試著忘掉，卻揮之不去的感覺。焦急的心想再多看一眼，卻怎麼也尋不著原來的景致。不知不覺竟走出這神祕國度，回眸一切又消失

在雲霧中。眼前僅剩一座高聳大牆，黑白相間，阻隔塵世與秘境，一切成謎。離開斑馬牆，心裡總覺得少了什麼。或許正如伍大哥所說：「我的部分靈魂，留在這裡了。」

在斑馬牆等到天黑，礦場吉普車仍未出現，嚮導跑進草叢將他們原本放置的木材拉出來，點燃取暖，示意要大家掏出口袋的垃圾，順便燒掉。

到了晚上六點四十五分，吉普車抵達登山口，迅速將大家載離此地，揮別神祕的斑馬牆。天黑，再度進入礦區坑道，轉了轉、繞了繞，才又回到礦區軍營，已是晚上八點。

揮別「獨缺龐德女郎！○○七電影般的攀登旅程」

距離和登山公司約定的時間還太早，軍營負責人先是下令，要我們待在車裡等到晚上十一點，後來又說長官讓我們進屋喝茶，聽起來挺不錯的。原以為有沙發可以休息，結果是帶大家進入一間貨櫃屋，屋裡霉味像毒氣般散佈、蔓延，無從躲避，地板上橫躺著一張沒有機會曬乾的彈簧床，兩邊各一個鐵櫃與幾張空床架，牆壁上有灰塵、污垢與亂塗鴉的字，兩扇窗則是用舊報紙黏著。

半晌，看似好心的游擊隊大費周章地搬東西進屋，原以為會搬進椅子或飲料，最後搬進來的竟是另一張更沒機會翻身的噁心彈簧床。他們把床擺進其中一張空床架裡，西班牙籍隊員先坐上去，沒幾分鐘便遭跳蚤襲擊，抱怨連連，引起小騷動，三名游擊隊員持槍看守，大家不敢隨意亂動。

離開斑馬牆到此刻都沒能進食，饑腸轆轆不在話下，爲展現誠意，游擊隊員奉命抱著紙箱進屋，從紙箱拿出草莓汽水、礦泉水和兩條吐司，請大家吃。乾巴巴的吐司難以下嚥，於是打開煉乳罐頭，塗在麵包上，大家勉強吃一些，不敢喝水，萬一連廁所都沒得上，豈不嗚呼哀哉！

等待期間，我們受游擊隊分秒監控，像被軟禁般的痛苦難熬，屋內靜得連時鐘秒針移動聲音都聽得一清二楚。終於到指定時刻，游擊隊發給每人一頂帽子，爲安全起見，要求得穿黑色或深色上衣，夜裡行動才不會被發現。這時來自中國昆明的金大哥詢問：「我們可否拍合影？」他們竟沒拒絕。

拍完合照、上完廁所，再度坐上那輛幾乎快解體的軍車，引擎發出巨響，車身震動得厲害。沿途居然沒下雨，心想把這條山路給記下來。但再怎麼想看外頭，眼皮偏不聽使喚，沉重得張不開，陷入昏昏沉沉、半夢半醒之間。

直到平地燈光離我們越來越近，車子駛進狹窄的林道，雖是柏油路面，卻顛簸不堪，坑坑洞洞的。待車子完全停下來，負責接駁的小轎車早已守候多時，游擊隊迅速收走帽子，確定人數，將我們交給登山公司的陶德，軍車駛回軍營。

回到旅館已是凌晨一點半。總算安全回到平地，陶德鬆了口氣，很詼諧地問了一句：「這過程像不像〇〇七的劇情？」我們笑一笑說：「像！只可惜少了身材火辣的龐德女郎。」

這一晚的床和被子，仍帶有重重霉味，也洗不到熱水澡，但比起被軟禁的恐懼，這還能忍受。陶德說：「所有活動都只能在這棟建築物內進行。」這裡像聯勤（軍方）招待所。

原以爲睡飽後，可以上街逛逛，順口問陶德：「可以出去走一走嗎？」他還是搖搖頭。「那可以做什麼呢？」他回答：「除了睡覺還是睡覺。」天啊！我們成了名副其實的囚犯。他甚至怕我們跑出去，還派人守在大門口呢！

後來試著問他問題，他才回答：「當地三個月前才剛結束內戰，外國人來到這裡絕對要低調些，否則會引來不必要的痲煩和危險。」待在旅館裡喝茶、聊天最安全。

等待下午班機時間一到，直接送我們到機場，完成登機手續。基本上，如果你問我提米卡長什麼樣子？我只對那幾棵頂天立地的椰子樹印象深刻外，其他不得而知。這不就是一輩子只能來一次的地方嗎？

第十二章

肯定的力量，讓我繼續堅持追夢。

——文森峰Mount Vinson攀登紀實

文森峰Mount Vinson，南極洲第一高峰，海拔4.897M，
位在南極洲大陸西部、埃爾沃斯山脈。（圖片提供：歐都納世界七頂峰攀登隊）

位在葡萄牙境內，與首府里斯本（Lisbon）相距四十多公里車程的羅卡角（Cabo da Roca），有「歐亞大陸西端的海角天涯」之稱——它其實是海拔約一四〇公尺的懸崖，上頭建有十字架和燈塔一座，十字架石碑上刻有葡萄牙詩人的名句：「陸止於此，海始於斯。」（原葡萄牙文：**Aqui, onde a terra se acaba e o mar começa**……出自詩人Luís de Camões, Os Lusíadas之手）。

記得多年前，我從書上讀到這美麗的詩句，便渴切地想像著：若有一天能站在「陸之終，海之始」的懸崖上，心裡會是一番怎樣的感受啊？

奔向遙不可及的夢想境地

二〇〇七年十二月下旬，我展開生命中一段相當特別的旅程——前往世界盡頭，越過地圖最尾端的海洋，到達從未夢想過的南極大陸。這塊屬於地球底部的白色南國，潔淨而純粹；親自體驗一趟南極，發現白色大地在陽光折射之下千變萬化，內心深處時而輕輕波動，時而澎湃洶湧，引爆那遺失許久的內心呼喚！我原以為這是自己一生中遙不可及的夢想境地，沒想到有機會在歐都納世界七頂峰攀登計畫中實現。

我們歷經六段航程，從臺灣至美國三藩市，轉至亞特蘭大，然後飛往智利首都聖地牙哥，再轉飛至邊陲小鎮旁塔雅那雷斯（Punta Arenas）。接著，飛往南極洲愛國者山基地，前往最終站——文森峰基地營。雖然路程遙遠，我卻迫不及待想從臺灣當時繁忙的生活中跳脫。

這趟旅程從十二月十六日展開，十八日早晨八點三十五分，飛機降落在聖地牙哥機場。此行是七頂峰行程中最遠的一次，一下飛機，隊員們急切地衝出機場；走出大廳，一股躁熱的空氣混著南美洲人的熱情撲面而來——只見一群招攬乘客的年輕人蜂擁而上，將我們團團圍住，險些窒息。

順利地搭上一輛九人座車，奔向市區旅館。正值南半球的夏天，車窗外的乾熱空氣和臺灣截然不同，一出去會被蒸發掉似的，整個人口乾舌燥、眼睛乾澀，喝再多水都不夠消暑。

「世界盡頭」的時間是否也是時間的盡頭？

十九日早晨，和這趟攀登行程的隊長致豪會合，搭乘飛機前往俗稱「世界盡頭」的旁塔雅那雷斯。當地氣候雖是夏天，卻比臺灣的冬天還冷。在旁塔雅那雷斯小鎮，出了旅館往山坡上走，可順利抵達被標榜為世界盡頭的「瞭望台」，我們時常走過去看著指向世界各地方向的箭頭地標。

世界各地的小花小草，總能吸引我的目光停留。

旁塔雅那雷斯小鎮的街道，散發出一種特殊的風情，包括街燈、時鐘、公園、建築物等等，宛如電影一般的佈景，似乎為這城市的位置做了合理的安排。街上的大時鐘讓我想到電影《似曾相識》（Somewhere In Time）裡的劇情——世界盡頭的時間是否也是時間的盡頭呢？沿著小階梯與盡頭的圍牆邊，開滿了各種顏色的魯冰花，令人感到格外安詳。儘管身處在地球南端的夏日時節，風吹來仍舊是冷颼颼的。沿路常見年輕人當街擁抱，一顆心似乎也跟著溫暖起來。

世界的盡頭三面臨海，濕濕冷冷，氣候與首都聖地牙哥有天壤之別。陰天算是旁塔雅那雷斯的好天氣，和紐西蘭九月初的天氣相似，晴時多雲偶陣雨、風大、彩虹……多種變化，甚至幾個小時內就可見到。我連續跑了好幾趟世界盡頭瞭望台，覺得好美且寧靜安詳，彷彿天堂的入口，陽光從雲層透射出萬丈光芒，直達天頂。

欣逢國際知名登山家——溫蒂小姐

距離攀登還有些時間，我們決定到百內國家公園（Torres del Paine National Park）健行、露營幾天。直到十二月二十七日，再回到旁塔雅那雷斯，聚集在某棟大樓裡聽取南極公約和進入南極洲的相關簡報。

想進入南極洲的人，不管你的目的是探險、登山、健行或研究，都必須來此聽取簡報。講者詳盡介紹南極洲環境、氣候、溫度、交通、醫療、凍傷等切身問題，還包括廁所使用、面對強烈低溫如何保暖。他還舉例說：曾有一名隊員下飛機時因爲太過興奮，鞋子一觸地，就打滑摔斷了腳，結果被原班機送回智利。

午後，登山嚮導公司載走裝備。晚間，參加文森峰攀登同梯隊伍的聚餐，彼此互相認識一下。其中溫蒂小姐是位患有「多發性硬化症」的女性登山家，曾被醫生宣判得在輪椅上度過餘生；我想，任何人都無法接受這樣的宣判，包括我自己。不願就此向命運低頭的她，從二〇〇一年開始，以完成七頂峰攀登的行動，證明自己的生命意義，實在令人讚嘆、欽佩及感動。

不巧的是，我們住宿的隔壁酒吧夜夜笙歌，搖滾樂、重低音輪番上陣，震耳欲聾，根本無法入睡。再加上前一天被提醒：「如果今天飛機要飛，第一通電話會在早上六點十五分打來，半小時內就會來接我們到機場。」爲了等待南極班機的電話通知，整晚精神緊繃，一有鈴聲響起就全體總動員，搞得緊張兮兮。

二十八日早上電話響起，伍大哥第一個衝下床，卻忘記自己昨晚睡在上鋪，跌下床的聲音轟隆巨響，全隊都給他嚇醒了。更嘔的是，電話竟然不是找我們的，大家紛紛倒頭又睡。十點十五分電話又響起，通知今日飛機不飛了，終於放心出門逛大街、度週末。

耐心等候是共識，幸好世界盡頭的網路暢行無阻，可收電子信件或觀看臺灣新聞打發時間。直到二十九日早上又來電，要我們到市區與其他隊伍會合，一起出發。開始我們還有些半信半疑，但巴士真的來接，直奔機場。

下午兩點完成搭機手續，一小時後登機，擔心飛機反悔不飛。天氣因素是關鍵，必須兩邊基地的天氣情況良好才能起飛。眞是難得經驗，我將要奔向遙不可及的地球底部——南極大陸，有如火箭升空那麼興奮。

超酷的！俄制幻象軍事運輸機——伊留申76型

停機坪上有一架如假包換的俄制幻象軍事運輸機——伊留申76型，據說它能在冰、雪地起降，超酷的！和它龐大的機身相較，顯得我們像一群小蟻兵。大夥兒穿著雙重靴、全副武裝地爬上梯子，準備登機，感覺像拍電影一般不眞實。

進入機艙內，這感覺才消失。裡面已擠得水洩不通，分明是要跟貨物綁在一起。天啊！全部的人在貨物上吃力地爬著，爬到鐵板凳才能坐下。坐我隔壁的是日本年輕人，和我們同行前往攀登文森峰。裡頭搭載的乘客，有一部分是去探險、騎雪地摩托車、研究岩石及南極生物等等。

艙內並無多餘的伸展空間，幾乎動彈不得。貨物被圈網在機艙中間，乘客分坐兩側，屁股坐的是金屬製的冷板凳，硬邦邦、冰冰涼涼的，很不舒服。抬頭看天花板，盡是佈滿線纜軌道與裸露零件機組，讓人對戰鬥機原本那份堅固感、安

以前只在電影裡看過的伊留申76型真實出現在眼前，真是太酷了！

全感，瞬間消失無蹤。沒有大觀景窗，倒有幾個可透光的小圓窗，得要站立椅子上才看得見外頭。所有人就坐完畢，飛機開始加速起飛。這一刻，機艙內泛出濃濃的機油味，引擎聲響轟隆隆，像搭火箭上太空的感覺，隊長致豪說：「更像是去作戰。」

原以爲航程會很夢幻，卻因引擎、機械等所發出的巨響聲不絕於耳，整整煎熬四個半小時，就算拿十個耳塞都不夠用，還耳鳴好幾天呢！抵達南極洲的前半小時，機長廣播：「各位旅客，飛機將在三十分鐘後，抵達南極洲愛國者山基地，請大家做好保暖措施。」

接受難題，勇敢承擔預期之外的事

飛機終於降落，飛行時間分秒不差，當機輪安全觸地的那一刻，大家鼓掌叫好。緊接著，機艙尾門緩緩掀開，引入南極洲的自然空氣，滑行於冰雪地，感覺超酷的。果真來到世界底部！雙腳踏在南極大陸的剎那，有如宇航員阿姆斯壯登陸月球。一眼望向潔淨無瑕的白色大地，儼然像座冰雪天堂。

雪白潔淨的南極大陸看不到盡頭，隊員們搶著和伊留申76型幻象運輸機合影。嚮導泰德前來接機，引領我們走進愛國者山基地。這一日天氣挺好，沒有風，原以爲今晚會直接飛往文森峰基地營，可是並沒有。嚮導要我們搭帳篷，暫時待在愛國者山基地，等待適當時機才出發。南極的夏季，沒有黑夜，是永晝，二十四小時處於白天狀態。

外表看來美麗溫柔、樂觀開懷的溫蒂小姐，沒有絲毫病態佇留在她身上，總是精神飽滿，聲音宏亮，我眞的很高興能與她相遇在南極大陸的文森峰。她纖細的身型背著大背包，側袋還放有親人的相片同行，另外兩名女嚮導陪著她攀登，文森峰已是她攀登的第五座高峰。

雖無從感受「多發性硬化症」的病苦，自己從小到大還算身強體健，搭機奔波已讓人覺得勞累，更何況是一個病患呢？期間透過致豪與柯導演細心詢問、採訪，溫蒂小姐說：「不一定是登山，畢竟不是每個人都想登山，而是想鼓勵那些發現自己患病或陷入困境的人，去接受難題，去做你預期之外的事，而不是說我的生命就像自己想的，已經完蛋了。」要忍受南極低溫、冰河行進、陡峭冰壁的考驗，對一般人已是困難重重，溫蒂小姐依然堅毅不拔，走在實現夢想的道路上，著實令人欽佩不已。

溫蒂小姐不願向命運低頭，
以完成七頂峰攀登的行動，證明自己的生命意義。

遇到困境，最重要的是先不放棄自己

另一位來自日本、身高只有一四五公分的鈴木小姐，也同時間參加南極文森峰的攀登。當時她遇到一個難題——每位隊員都必須負重二十公斤到高地營，才能參與最後的登頂行動。身材嬌小的鈴木小姐非常憂心地來到我們的帳篷，訴說她的心情與永不放棄的決心。隊員們都鼓勵她：「妳一定能辦得到！」

出發那天，看見她走在國際隊伍裡的第二位，奮力地向高地營挺進，大家心裡明白，她終究克服了自己所擔憂的不可能！後來從她口中得知，所有隊員自願幫她分擔大部分的負重，因爲隊員們被她不放棄的精神給感動了！

我想，如果溫蒂小姐與鈴木小姐，因爲生病或天生條件不好而輕易打退堂鼓，非但沒能完成登頂南極文森峰的夢想，就算別人有心想幫助她們，也沒這個機會吧！從她們的身上，我們學習到——遇到困境與難題時，最重要的是，先不放棄自己！

在地球的盡頭高喊：新年快樂！

十二月三十一日，再過幾個鐘頭，新的一年即將到來，照理說應該感到興奮才對，但爲了等待飛往文森峰登山口的航班讓我們心思全無。一會兒天氣好，說準備出發，卻並非如此，一整天都待在大帳篷裡寫明信片、看書，偶爾想念臺灣。

南極攀登季短，只有十二月和隔年一月。每年攀登文森峰的隊伍大約有四梯次，每梯次十五人左右，以至於嚮導或工作人員都必須在離家很遠的南極洲度過耶誕節與新年。

晚餐後，嚮導帶著我們到大帳篷聚會，時間接近午夜，正值永晝的南極沒有天黑這回事，容易讓人時空混淆，經常忘記又過一天。帳篷內聚集來自世界各國的六十多人，同聚一堂，宛如地球村。掛在帳篷上的白板寫有各國文字語言，四周佈置彩色氣球，增添過節氣氛。在遙遠的地球底部，準備迎接新年。

號稱「五百公里外，沒有比這裡更好」的餐廳，廚師用大冰塊鑿出雞尾酒容器，搭配各式各樣的巧克力，大家舉杯歡騰，同梯隊的光頭嚮導彈奏著新年樂曲。在歡呼喜悅聲中，齊聲倒數計時：五、四、三、二、一……新年快樂！只不過我身處在地球的盡頭，一股莫名傷感席捲心頭，或許身邊大都是陌生人，讓我不禁悲從中來。

走出大帳篷，白色大地靜悄無聲。今天是個起風日，飛機肯定不飛，我選擇獨自留在帳篷內，與內心對話。回想去年從南美阿空加瓜峰、北美麥肯尼峰、大洋洲卡茲登茲峰，還有正在進行的南極文森峰……所有海外攀登的點點滴滴。

「溫度矛盾」——攀登極地學習適應的第一課

新的一年，代表新希望的開始，是眾所皆知的不滅定律。但時候終究未到，想要一親文森峰的芳澤，必須耐心等候。愛國者山基地連日大風呼嘯，捲起千堆雪，嚮導一早在大帳篷裡做繩索、救援系統等教學。

不知怎地，我突然覺得有些疲累，提不起勁，似乎想與當下環境一樣純粹清朗，停下來聽那風的方向、看那潔白無瑕的大地、探觸原始心性，緩下腳步來休息。隱隱期盼這第六座高峰，不再趕行程、準備好心情一探究竟。

一月三日清早，嚮導叫每位隊員到大帳篷活動，舒展筋骨。直到下午，飛行員破天荒帶來好消息：「可以起飛了！不過得分成三批。」臺灣隊是最後一批，但不管是哪一批，能出發就是好事。

輕便好攜帶的極地衛生袋。

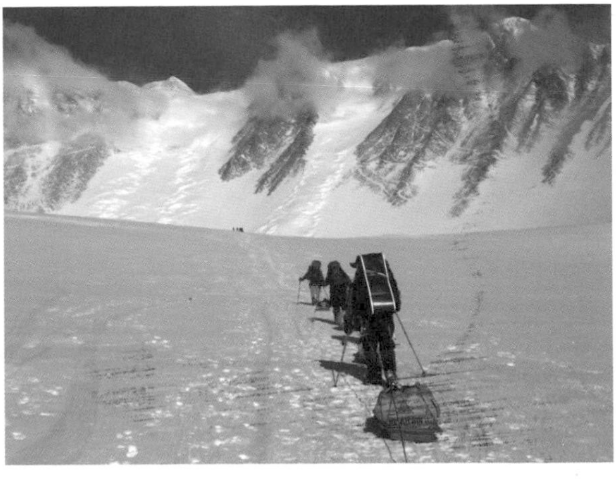
特殊的「溫度矛盾」，是攀登極地得學習適應的第一堂課。

搭上飛機，想起攀登麥肯尼峰的情景，當時俯瞰阿拉斯加山脈的壯麗景致，捨不得睡覺。此刻，我一樣瞪大雙眼靜心望著無邊無際的南極陸地。約一小時後，飛行員轉了個迴旋彎，大家暈頭轉向，超不舒服。抵達基地營時卻發現，竟然連一點風都沒有，眞不可思議。

晚上七點，隊員安全抵達文森峰基地營。經過整裝與分攤物資，將公用裝備放上雪橇，晚上八點開始攀登。此時冷熱交織，頭頂著豔陽，身體卻被零下二、三十度的冰寒環境包圍，如此特殊的「溫度矛盾」，是攀登極地得學習適應的第一堂課。

南極陸地的環境比北美麥肯尼峰來得清爽，空氣也較乾燥，海拔適中，在二一〇〇公尺活動，眞的很舒服。經過三小時，終於抵達海拔二七〇〇公尺的第一個臨時宿營地，隊員們趕緊架設營地，雖只住一宿，也不能太過馬虎。嚮導指示可活動的範圍，叮嚀不能靠近冰河裂隙，之後整地、搭帳、挖廁所——下挖雪地成大凹狀，供上廁所遮蔽用，並非直接解在雪地上，是使用極地衛生袋。一切就緒，天卻還是白亮亮的。

學習以正面情緒來化解危機

進駐高地營的某天午後，暴風雪來臨，低溫、加上風寒效應，氣溫驟降到攝氏零下三十度，大家都不敢走出帳篷，唯有吃飯時間才會聚集在炊事帳裡；廚房是最溫暖的地方，喝茶聊天好愉快。

這一天前往登頂的有兩支隊伍，其中一隊已經安全回到營地，另一隊卻遲遲未歸。傍晚六點半，嚮導得到消息說女子三人組在雪地中迷路，其中一位是溫蒂小姐，另兩位是美國和阿根廷兩位女嚮導，三人遇暴風雪造成視線不良，找不到回營地的路。

她們身上並無攜帶GPS或指北針，僅有無線電，從無線電傳出斷斷續續的求救聲，高地營嚮導馬上出動救援——一位是今天剛從文森峰登頂回來的ALE資深嚮導，另一位是嚮導泰德的老婆，名叫Windy Slow（風慢），兩人在最快時間內出發找人。

暴風雪看來並沒有減弱的趨勢，反倒越顯強勁。我們可以做的事，就是別讓她們錯過宿營地。嚮導泰德發動所有人來敲打雪鏟、鍋蓋、吹低音哨，希望迷路者能聽見營地裡所發出的聲音，順利引導回營。

晚上九點，在迷濛的風雪中傳來好消息。前往救援的兩位嚮導說：「我們找到她們了，我們的朋友安全了。」三位女登山家終於從驚險、低溫的暴風雪中安全脫困。

隊友們給予熱情安慰，讓冷冽的空氣顯得格外溫暖，彼此相互擁抱說：「很高興能夠再看到妳們；妳們的情緒都好正面，這是很常見的狀況。」讓我想起在臺灣發生山難事件時，多數人總會以責備口吻說：「你看，叫你不要去，你偏要，發生事情了吧！」可見，以正面情緒來面對危機，多麼重要。

儘管帳篷外持續低溫，隊友能平安回來就是最好的結局。在大家相擁之下，同爲女性的我早已熱淚盈眶。暴風雪中最怕失溫、凍傷，幸好這裡正值永晝，沒有黑夜，否則後果不堪設想。

Yes！成功完攀世界七頂峰

隔天，帳篷外白霧瀰漫，天氣不穩定，隊員們靜待嚮導發令。之後莫名其妙被一陣呼喊聲吵醒，嚮導決定今天去登頂，但聲音聽起來有些生氣，不知是睡過頭，還是他的老婆Windy Slow帶著日本隊先出發，沒跟上在賭氣?!只見他臉色不佳地催促著我們。

早上十點準時在帳篷外等候，可是昨天嚮導泰德並無明確告知去登頂的計畫，因此大家有些手忙腳亂，東西隨便塞進背包，往文森峰峰頂出發。嚮導泰德一路趕，連讓隊員喘口氣的機會都沒有。

沿途天空稍稍放晴，想拍照卻因頻頻趕路而錯失機會。隊長致豪再也忍不住地向泰德反映，希望他能給大家足夠的時間，拍照或休息片刻。天氣一會兒晴、一會兒霧，膠著不清，途中巧遇前一晚迷路的女子三人組，她們重新再來，眞的好厲害，讓人超敬佩的。

下午五點二十分，終於登頂南極洲最高峰——文森峰，海拔四八九七公尺，我同時也完攀了世界七頂峰。接著女子三人組，也安全抵達文森峰頂，基於同爲女性，惺惺相惜、互道恭喜、擁抱，這特殊的感情是男性較無法體會的，尤其是艱苦後的那份憐惜。

登頂成功的關鍵，是平安回到家。隔天睡到自然醒，天氣轉好，我們一路趕往基地營等待飛機。大夥兒興奮地打包、清理營地。午後兩點，由高地營往下撤，順著原本的固定繩下冰壁；從高處往下看，人眞的渺小如蟻。黃昏時回到低地營，再次挖出之前所埋設的物資，裝上雪橇船，繼續往基地營前進。

一路上心情像中大樂透一樣，既興奮又滿足。晚上八點，全員抵達基地營。原想會有飛機來接，可順利回到愛國者山基地，不料卻傳來消息：「飛機去救援雪上摩托車探險隊。」

嚮導無奈地說：「今晚在此紮營，等待明天的飛機。」於是大家動手紮營，爲安慰隊員們的心情，嚮導從基地營的大帳篷走來，手上拎著半打啤酒，全隊舉杯，大聲歡呼：「登頂成功嘍！」

在成功完攀世界七頂峰那一刻，心中真是澎湃洶湧！

等待回到「世界的盡頭」

抵達基地營，我們被飛機能否來接的消息搞得心情混亂。基地營天氣無常，每天吃飽睡、睡飽吃，明信片都寫完了，日子無聊到沒辦法寫進日記裡。偏偏急著回家的心情堆滿胸腔，腦子也進入半瘋狂狀態。

嚮導為了幫我們解悶，想盡辦法找樂子——探勘冰河裂隙、滑落制動、滑雪、走平衡繩等。隊員輪流進帳篷補眠、寫日記、聽音樂、發呆，非常疲累，甚至懶得動。柯導演興致勃勃找大家拍攝雪地技術的影片，參與度都很低。總覺得自己太散漫且頹廢，但另一方面也想讓自己好好沉澱下來，什麼事都不做，就是放空。

時間隨著雲層快速飄移，一晃眼竟等待快一星期，所有隊員的情緒顯得緊張不安，因為日本隊回家的機票，已快趕不上原計畫的班次，必須改期；我們的歸期也迫在眉睫；光頭教練帶領的美國隊富商更是急著要回家。在焦慮等待的六天中，只出現一趟飛機，來接ALE的隊員。之後天氣變得更差，其他人就被留在原地等候。

第六天，飛機終於拚命地接我們出去，同樣分批接送，排在越後面班次的人，不確定性就越高，許多人都擔心，又得待上另一個六天。幸好，所有隊伍都安全被接回愛國者山基地，而伊留申運輸機也正好待命，才順利回到世界的盡頭——旁塔雅那雷斯。原來等待是那麼煎熬，尤其是越靠近夢想完成的時刻。

凌晨兩點，全員興奮地登上伊留申運輸機，終於要回家了。這一刻的到來，讓我們等得好久好久，臉上早已掩不住狂喜神色，有如從天堂回到凡間的感覺——從哪裡來，就從哪裡回去。

經過三個多小時，我們安全降落在旁塔雅那雷斯機場。這一切彷彿南柯一夢般地不真實。不過，回到凡間就表示得開始面對現實，重新來過，繼續累積生命的厚度。

十三年後的肯定，足夠我堅持一輩子

二〇〇八年完攀南極文森峰，雖爲歐都納世界七頂峰計畫的第六座，加上我自己一九九五年第一次登頂珠穆朗瑪峰，算是完攀世界七頂峰。

距我離開不銹鋼公司已有十三個年頭，想起當年丁總經理像父親一樣的關心，知道我將離職去攀登珠穆朗瑪峰，一臉擔心地勸說：「不要登什麼珠穆朗瑪峰，很危險啦！」後來參與七頂峰活動，他仍叮嚀我要小心、注意安全……如今終於完成世界頂峰的攀登，眞心想與他分享喜悅。於是將心境化做文字，從南極洲寫明信片給他，傳達多年來自我承諾和深深思念。

回國後，有一天接到電話，電話那頭的聲音既熟悉又親切：「江秀眞，我是丁先生啦！我有收到妳的明信片，謝謝妳在那麼遠的地方還記得我，恭喜妳完成七大洲最高峰的攀登。」

寒暄幾句後，丁先生的語氣轉爲嚴肅：「丁先生要告訴妳，妳當初的選擇是對的。」只是聽電話的我，早已淚流滿面。雖說十三年後才獲得丁先生的肯定，不過這力量夠我堅持一輩子。

第三部

生命之善

我心中始終懷著一個「結富濟貧」的理念，結合資源、財力豐富的企業經費，
去支援較為缺乏的偏鄉學校或弱勢單位，畢竟演講的目的是為了分享生命經驗鼓勵更多人。
這樣的理念支撐我到現在，讓我在演講行程中不疾不徐，一場接一場地走下去……

第十三章

轉彎、轉山，轉出自己的生命節奏。

——卓奧友峰Cho Oyu營地訓練紀實

卓奧友峰Cho Oyu，世界第六高峰，海拔8,201M，
位於亞洲喜馬拉雅山脈珠峰西北29公里處，中國與尼泊爾邊界上。

人一生能有幾次圓夢的機會？自一九九五年首登珠穆朗瑪峰之後，有幸再度參與歐都納世界七頂峰的攀登計畫，由衷感謝程鯤董事長，不僅圓滿我環遊世界的夢想，更成就這輩子原本沒機會學到的生命經歷。我將這份珍貴經歷，透過自己不斷分享給更多人，為社會帶來正向能量，提升健康、有意義的登山風氣。

有緣舊地重遊，滿心感恩

二〇〇八年九月初展開卓奧友峰的攀登行程，與十三年前登珠穆朗瑪峰北側之路，部分重疊在加德滿都和中尼公路，經過多年歲月摧折，沿途變化肯定相當大。受到二〇〇八年北京奧運聖火傳遞影響，我們延後原本攀登珠峰的計畫，程董事長也特別為此增加移地訓練。接到卓奧友峰的入山許可到出發日，有些倉促，幸好基地營經理阿展四處奔波，讓我們順利出發。

挑戰世界高峰，必須充分準備、完善計畫，以及應變突如其來狀況的能力。此行最感快樂的是，我竟可以重遊舊地，實在太難能可貴了。儘管當年景物不再、人事不同以往，仍滿心期待能再看到氣勢壯闊的大山、當年內心震撼的情景。領略曾經走過的路……能擁有這樣的因緣，不自覺靜靜雙手合十，誠心感恩。

海外遠征最惱人的是行李過重。個人基本技術裝備如冰斧、雙重靴、冰爪、安全吊帶、鉤環、登山杖、頭燈、電池等，就佔有二十公斤重。一般國際航線都還能增加到三十公斤，但國際航線轉國內航線，得付上一筆可觀的超重費。

因此，我們總想盡辦法物盡其用，或一物多用，連牙刷的柄都得事先將它折斷，以減輕行李重量。這回，一行人終於過磅，完成通關，乖乖繳了台幣六萬元的超重費，竟被掛上候補的綠色紙牌，意思是「行李不保證和人一起到達」。

轉個念，嘈雜聲也能變成趣味音樂

闊別十三年的尼泊爾機場看不出有什麼變化，海關人員仍在昏暗燈光下埋頭苦幹。我忘了入境得貼大頭照，只好和阿展各花五美金，機場內拍了張既模糊又嚇人的大頭照，此時只求有不求好，趕緊將相片貼在入境簽證，等不及要出關。然而時間卻像昏暗的燈泡，緩緩在黑暗中流逝，我們竟成了那班飛機的最後出關者。

一出海關，看見那批掛著綠色紙牌的行李也全部到齊，四人會心一笑。付了小費，走出機場大門。當地嚮導公司老闆親自來接，先為我們每人戴上新鮮花環，花朵散發出淡淡幽香，用萬壽菊串成的祝福。

嚮導公司的老闆名叫瑞全，亦是雪巴人。看起來不老，微胖，穿著襯衫及牛仔褲，眼睛實在不能再小了，卻很細長，露出銳利且嚴謹的光芒。

伍大哥與致豪坐進九人座，阿展和我則搭乘老闆的轎車，車子迅速駛離機場，進入市區。途中老闆的轎車鑽進小路，情景和十年前沒兩樣。這時，從未到過加德滿都的阿展一臉狐疑地問：「我們怎麼好像來到廢墟般的國度，毫無生氣。」

車窗外，幾盞橘色、昏暗路燈，多處是土堆、斷垣殘壁，或佇立路旁全身盡是沾滿紅色顏料的神像，夜裡看起來很恐怖。再加上坑坑洞洞、滿目瘡痍的馬路，令人產生質疑也不為奇。想當年，我也像阿展一樣抱持著懷疑，問了同樣的話，此刻情境聽來熟悉有趣。

在加德滿都的第一晚，別說補眠了，連睡覺都談不上。一早喇叭聲四起，不是含蓄的鳴笛聲，是發出瘋狂高分貝，睡得著才怪。到底是誰發明喇叭這個東西？我往窗外看去，街上的紅綠燈少得可憐，只要前面有輛車或人群擋住自己，後邊的就拚命按喇叭，反正有事沒事都要按。

在當地，喇叭似乎代表著警告、打招呼、罵人……腳踏車、野狼一二五、三輪車、改裝載客摩托車、計程車、公車、卡車等，都有各自發聲的權利。更令人驚訝的是，每部卡車、公共汽車頂架都坐滿了人，這便是加德滿都，就是尼泊爾。我只好用力告訴自己，幾天後就會習慣，只要願意換個心境、轉個念，嘈雜聲也能變成趣味音樂。

願加德滿都在歷經重震之後，人事景物都能逐日恢復。

「山之國度」變或不變

待在加德滿都整整五天，我們利用飯店頂樓整理和測試裝備，包括帳篷、太陽能板與電池的流暢性等，不敢有所疏漏，這可要用在八千米的山區，玩笑不得。接著，又添購繩索、雪椿及個人的細軟。另一方面，同步等待中國山協能否核發前往卓奧友峰的入山許可證；若拿不到許可證，根本動彈不得。

據說瑞全雪巴要開他的小轎車親自送我們到邊境，還有另一輛中型巴士隨行。打包好所有裝備，終於上車，從加德滿都前往中國邊界樟木，車程得顛簸好幾個鐘頭。

一大早陽光普照，我們順利上路。脫離市區前，免不了來一段塞車之苦，喇叭聲、引擎聲……種種喧囂齊放。直到越過另一座山谷，才感受到空氣清涼舒暢，或許這才是自己所認識的尼泊爾——山之國度。沿途山谷、峽谷、崇山峻嶺交錯呈現，美不勝收。

雖然過了十三年，公路坑坑洞洞的狀況依舊，改善的空間不大。五天待在尼國首都，與當年相較感覺變化不多。一路長途跋涉、舟車勞頓，大家顯得有些疲累。

九月的中尼公路百花盛開、山壁湧泉，瑞全雪巴的小轎車幾番波折，險些故障，底盤發出幾次哀嚎，幸好有驚無險。約中午時分，我們抵達位在中尼邊界的山城柯達利（Kodari），赫然發現和十年前差距很大，變得熱鬧許多，加上季節不同，整個邊境欣欣向榮，反倒覺得有些陌生，破除十年前我對這裡所留下的蕭瑟印象。

我們進了一家小餐館，坐著傾聽溪水奔放，吃著西藏炒麵。從餐館往對岸望去，令人不敢相信竟有百輛卡車排排站，車水馬龍地穿梭山道上。

海拔二六〇〇公尺的不夜城

辦好離境手續，暫時告別尼泊爾，步行通過友誼橋，正式進入西藏。西藏的司機與聯絡官桑珠在過境入口接我們，發現樟木早已發展成爲重要的貿易口岸，許多溫州人到此做生意，熱絡邊境的繁榮和豐富族群色彩。面對此情此景，我實在不知該感嘆還是歡喜，心情複雜，一時半刻無法理清。

樟木口岸，房子順著山壁而蓋，看起來像一塊塊磁磚被貼在牆上，地形與臺灣的梨山相似，建築方式看得出當地住民的求生本事。儘管山壁有大量湧泉包圍著房子周邊，還能蓋屋住人，實在令人佩服。位於海拔二六〇〇公尺的樟木，像極了日本卡通漫畫家宮崎駿的「天空之城」，彷彿懸騰空中。

下午來到樟木海關檢查處，若背包帶有書本就被留下盤問，一問就問好久：「什麼書啊？寫些什麼內容啊？」等諸如此類，最後總算安全過關。在宗教興盛

順著山壁而蓋的房子，
彷彿一塊塊磁磚被貼在牆上，懸騰半空中。

的西藏，行事作爲要非常小心，太刺激的言語、書刊最好別出現，否則會很麻煩。登山是我們的重點，別和其他事情攪和在一起才好。

餐後，只過一個關卡，卻折騰大半天，肚子也莫名其妙跟著咕嚕咕嚕叫。來到西藏，時間得調回中原標準時間，慢兩小時又十五分鐘，理所當然又得吃飯。

我們在樟木賓館旁的登山飯店用餐，記得十幾年前也是在這家餐館。比起以前，現在店內乾淨許多，且牆上掛著合格餐廳證書。飯吃到一半，電視竟播報著臺灣氣象，有颱風侵襲，感覺跟在臺灣沒兩樣，太神奇了。用完餐，走出餐館，沿著流水路面往上散步，商店燈火通明，還有夜總會，儼然已是一座不折不扣的不夜城。

回到賓館房間，一股黴味撲鼻而來，讓人更難受的是翻開棉被，發現被單上散佈著墨綠色的黴斑，幸好在床角附近。當下想找服務人員，但櫃檯早已熄燈，只好認栽。

這張床想必很久沒人睡，清潔人員都沒察覺嗎？還是這裡的工作與服務態度都一樣呢？最後，終於找出原因，並非床單沒洗，而是天花板漏水，尤其夏季午後多雨的狀況，潮濕、發霉在所難免，勉為其難地睡了一晚，反正明天一早離開，無所謂啦！

臨時停車?!就欣賞高山植物生態吧！

一早在登山賓館和接待人員、司機碰頭，用完早飯，往下個城鎮聶拉木前進。十三年前，我曾在聶拉木住了三天，且到後山做高度適應，如今變得如何呢？真令人期待。

車子緩緩駛離樟木，抵達稜線，回頭發現百輛卡車全停在懸崖邊，一輛緊靠著一輛，聯繫著中尼之間重要貿易。如果舉辦卡車彩裝活動比賽一定很熱鬧，每輛卡車，明顯塗裝護身符咒與保平安的圖案，裝飾風格都是一流的，讓人看得眼花撩亂，在翻山越嶺的公路上，想不注意還真的很難。

一小時後，前方路基坍方停車，許多乘客紛紛下車一探究竟。我也趁機下車，沿公路散步，觀察山壁上的花花草草；夏季高山植物與鳥叫聲，讓人忘卻漫長等待的無趣。

一叢叢的鳳仙花正含著雨珠，綻放在清晨的山徑邊，有紫、有粉、有黃，各式花型與顏色，百般爭豔。鳥兒展現清亮嗓音，彷彿置身仙境一般；望著對面山壁，陽光正灑落在峽谷中，穿透瀑布，形成亮麗鮮明的七彩霓虹，趁此空檔尋找

喜馬拉雅山的植物生態。又過了一小時，路段總算放行，所有的人趕緊衝上車，往下一站出發。

濃霧與白雪正纏綿於山之巔，車子隨著海拔攀升，大樹漸漸變成眼前矮灌木叢與岩生植物。車子從峽谷下方往上爬升，轉彎也轉山，快速奔出峽谷，地勢明顯減緩，海拔相對升高。

公路旁的水流清澈，手錶高度計顯示三六〇〇公尺，檢查哨關卡又到了，下車登記，十分鐘上路。此刻似置身在臺灣的合歡山，山坡上鋪著春末的新綠，迫不及待告知人們春神到來。翻過山稜，車一路下坡。鄉村正收割著青稞，全家大小的農忙景象，好幸福的豐收圖畫呈現眼前。

溫馨純樸的山城——聶拉木與老定日

負責這趟車程的司機皮膚黑黑亮亮、喜歡抽菸，開車技術很好且平穩。中午準時抵達聶拉木，車子轉入熟悉的路口，今晚投宿在雪域賓館。我們卸完行李，從樓下櫃檯到樓上房間，得爬一段三公尺的木梯，木梯的橫板都被踩出凹陷，真怕一不小心就踩斷了；房間格局和當年幾乎一模一樣，連地板踩空的不扎實感都還在。

相隔十三年，山城變化不大，街道周邊增加許多商家。聶拉木城位於海拔三七〇〇公尺，沒有以前來得熱鬧，可能都往海拔較低的樟木地區。午餐在對面的雪域餐廳用餐，餐館在二樓，牆上貼滿各國登山團體的徽章、攀登喜馬拉雅山系的種種相片，珠穆朗瑪峰登頂者的照片……記錄著歷史、過程、榮耀、生死情感，坪數不大卻很溫馨。

昨晚聶拉木下大雨，變得又濕又冷，經過一夜休息，大家適應狀況不錯，一早離開雪域賓館往老定日出發。路上塵土飛揚，多處還在修整，路況比前一段平坦，很快就抵達了。

老定日位在海拔四千公尺，投宿的旅館是與西藏登山學校建教合作，外觀看來挺舒服，房間內部也還行，可能環境乾燥，感覺全身舒暢。旅館有很大的院子，空蕩蕩的，視野很好，午休後出門閒逛。

大門口外的街道是當地唯一的一條街，有羊肉攤、包子店、雜貨店等。包子店也經營付費的衛星電話，一得知這個消息，致豪、伍大哥和我趕緊往店裡衝，主要是打電話回臺灣報平安。

十三年前，並沒有住在老定日，而是住新定日，也就是協格爾。趁此機會認識老定日，感受民風純樸的好所在。唯一令人抓狂的是入夜後狗吠聲不斷，狂吠到天明。

這一天又碰上中秋節。還記得七頂峰攀登計畫中，第一次巧遇中秋節是在非洲的吉力馬札羅峰，如今只有三位隊員，冷冷清清的，毫無過節氣氛。加上翻譯官桑珠從前天不斷催促我們進卓奧友峰基地營，直到早晨仍不放過我們，繼續催促。在尚未完全適應高山及大陸性氣候，通常會先評估隊員的狀況，才做出停留或前進的決定。

早晨九點準時出發，天氣晴朗，吉普車會同卡車載我們往基地營方向前進，首先進入眼簾的是卓奧友峰。在五千公尺看到巨大群峰，感覺有點不真實，距離太近了，彷彿伸手可及。珠穆朗瑪峰矗立在卓奧友峰的左前方，峰頂飄著旗雲，獨傲群峰，氣勢非凡。

再次與珠峰重逢，心中之複雜難以用言語形容。我坐在吉普車內隨著碎石路搖晃顛簸，像回到孩提時，被母親懷抱著；也像在搖籃中被孕育著，而今我確實回到珠峰母親的懷抱，重享甜蜜、溫暖、安穩。

一小時後，終於抵達卓奧友峰基地營，群峰已不再連續，一下車就被眼前這座藍色女神——卓奧友峰給深深吸引。無法想像接下來整整一個月，可以和她如此貼近。雪巴汪助開始搭設客廳、炊事帳、廁所帳等，隊員們也加入建營陣容，陸續將太陽能板相關設備架好。

邁向五七〇〇公尺的前進基地營

用過早餐，將要帶入前進基地營的物資聚集於廣場，我們分配有十二頭犛

全隊人員與犛牛浩浩蕩蕩向前進基地營推進。

牛，每頭犛牛可負重六十公斤。廣場上一行五、六個工作人員，手拿記事本和秤，忙著爲犛牛秤斤秤兩。釐清相關事務，全隊與犛牛準備浩浩蕩蕩向前進基地營推進。

早晨天色灰濛濛，好期待太陽光能照到自己。昨天在臨時營地搭兩頂軍用炊事帳，四人一頂，連同裝備袋和所有物資，應該是舒服的空間。不過，夜晚有人起身去小號，有人半夜肚子餓，一人起身就驚動全員。幾乎半坐半臥的我，因海拔升高的關係，感到少許缺氧。

清晨，伍大哥發出塑膠袋的聲音，打破晨曦的寧靜，嚷嚷著肚子餓，想找東西吃。我不好意思吵醒其他隊員，趁此機會搭「順風車」跟著起床，填飽饑腸轆轆的自己。

野外就是這麼回事兒，特別是帳外的犛牛，若有一頭騷動，脖子上的銅鈴響起，身旁的牛群跟著呼應，熱鬧滾滾。用過早餐、整裝之後，繼續邁向前進基地營。

一路走在稜線上，身旁的冰川峻嶺，縱橫交錯，配合主人口哨與渾厚響亮的歌聲，犛牛隊伍步伐輕鬆。我前後擺動著登山杖，配合腳步，慢慢移動，和四隻腳的犛牛相比，實在差太遠。藉由犛牛脖子發出的銅鈴聲，備感安全。幾度瞧見陽光照耀著石縫旁的花，部分從冰雪中展開花瓣，淡粉色全株毛茸茸的雪蓮，還有亮紫色的高山烏頭……真是美極了！不禁令我一再留步。儘管寒風颼颼，按下快門留影是當下最快樂的一件事。

經過三小時，終於抵達五七〇〇公尺的前進基地營。由於中國舉辦奧運，所以開放進入西藏的登山隊比起往年少很多，我們相對也感到清靜。但美中不足的是，我們比其他隊伍整整晚了二十天才入山。表示比別支隊伍少了足夠的適應期，嚴格來說相當不利，更何況此行採無氧、無協作人員，也就是攀登期間沒有供給氧氣瓶，也無雪巴人或藏族挑夫的狀態下進行攀登。

犛牛結束工作便回基地營，只剩我們和雪巴廚師共六人，得搭設前進基地營的所有營帳。今年的攀登隊少，我們有不錯且舒服的營地，一人一頂營帳。我的心情像回到家一樣充滿安全感，至少不需要再搬來移去，住下來就對了。一切就緒，結束晚餐，終於可以好好地平躺下來，即便在缺氧的環境，還是得想辦法入睡。

讓人大開眼界的登山套裝行程

經過一夜休息，感受久違的五七〇〇公尺低壓、低氧環境，覺得頭脹脹的，加上一早醒來是個起風的日子，天空中夾帶著綿密的雪花，卓奧友峰若隱若現，形態朦朧——像蒙上一層薄紗，既神祕又難以靠近。

風吹來冷颼颼的，趕緊穿好衣服走向營地的聚會帳篷，整個下午就躲在水銀熱水壺與臺灣帶來的各種茶包、三合一咖啡、零食之間。我們被足足關了一天，太陽能板發揮它獨特的功效，充飽所有攝影設備的電池，隊員致豪更是帶了一個迷你音響，連接我的隨身聽，成爲高山上的家庭劇院。

距離最外頭的營隊是美國的IMG隊伍，再來是我們這個規模最小的臺灣登山隊，接著是義大利、韓國，以及大型營區的中國隊。中國隊又分爲武漢中國地質大學、西藏登協的青年隊、西藏登山學校經營的聖山登山公司等等，皆是相關企業或資源共組的方式，共同搭伙、共同出人力、共同架設路線。讓我們大開眼界，語言相通是最親切的。

我們找機會拜訪了聖山公司，原來他們的經營方式是採套裝行程——攀登的第一座山是穆斯塔格峰（Muztag Ata）；第二座山是卓奧友峰；最後一座當然是珠穆朗瑪峰。行程服務內容除了食、住、行外，嚮導還是一對一的帶領陪同，再加上挑夫運補裝備、糧食等。

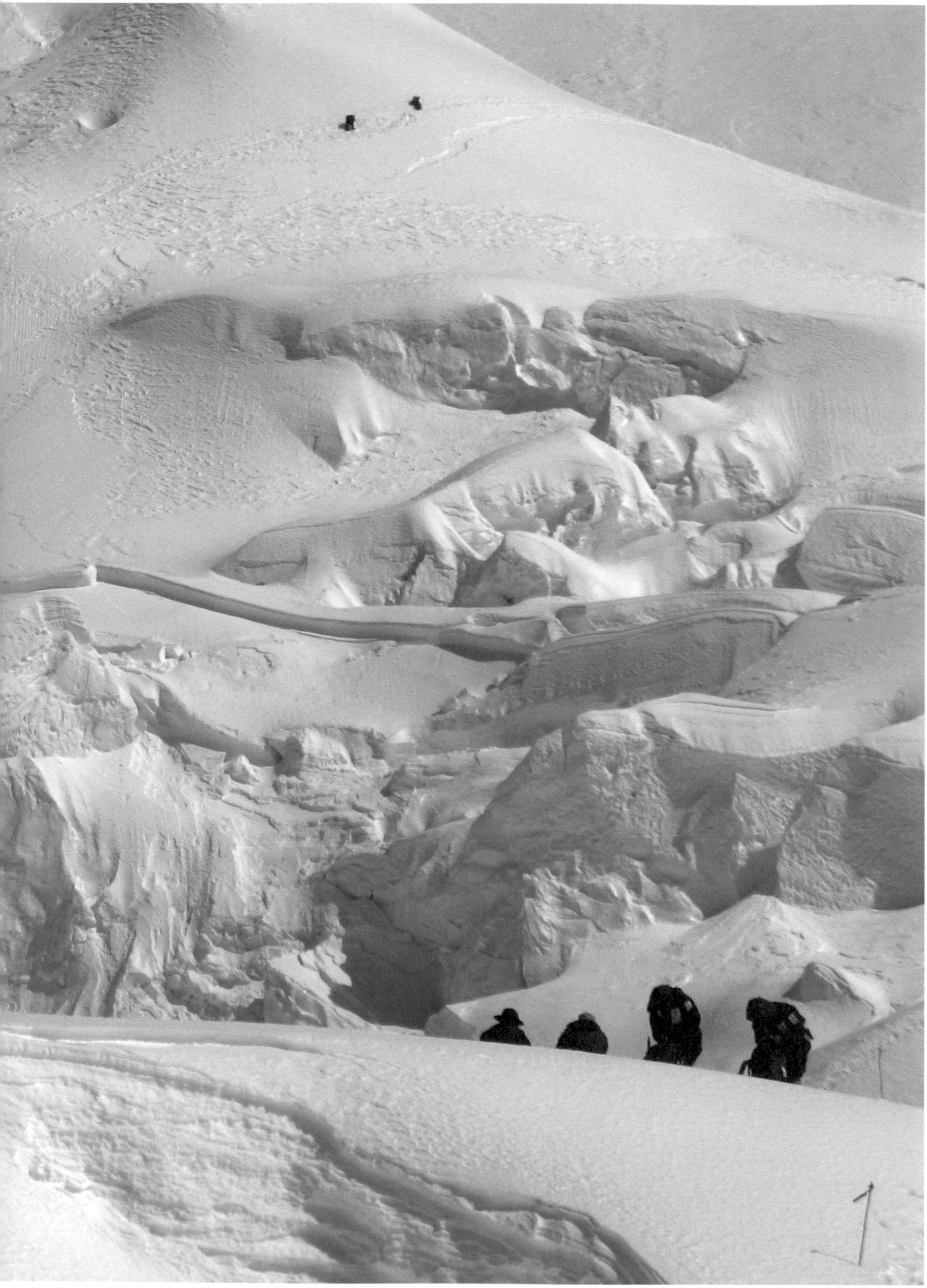

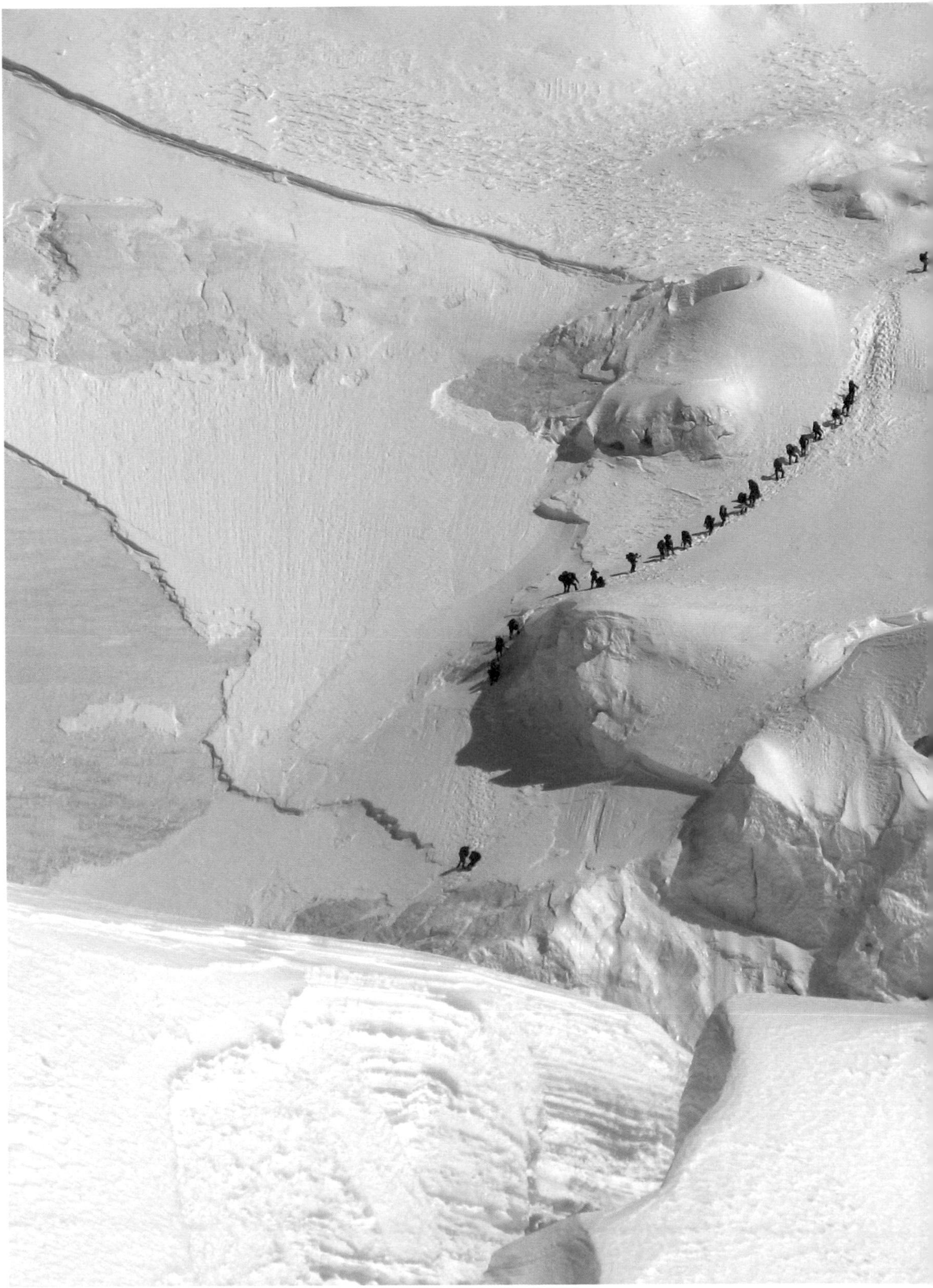

大本營及前進基地營竟然有遞熱毛巾的服務，周到得不得了，據說這一群嚮導可是奧運聖火的火炬手，我們只能讚歎不如。不過，臺灣隊經過七頂峰的磨練，早已習慣吃苦耐勞，並不羨慕額外舒適的服務，否則不會堅持卓奧友峰的訓練採無氧、無協作人員方式。

穩住步伐，細細體驗藍色女神的風華

早晨，寒冷的風吹得讓人凍結，我們舉行了一個祈禱大會——誦經的是一位喇嘛兼挑夫，他誦經時喉嚨不斷被冰冷的空氣卡住，像打結似地解不開來。喇嘛只好趕緊呑口酥油茶，才又拚命誦經，大家在斷斷續續的誦經聲中，完成出發前的祈禱。晚些時候，太陽露出笑臉，低厚的雲層也被熱氣漸漸蒸散開來。

一切進行得太快，一口氣就得運補到第一營六五〇〇公尺，感覺有些不妥且太倉促。以往攀登珠穆朗瑪峰，都先輕裝上第一營地再折返，甚至連第一營都還走不到就氣喘如牛，但經足夠適應，此狀況會有所改善。這回一次就從五七〇〇公尺攀升到六五〇〇公尺的首次運補，生平頭一遭，是新嘗試。

我們分成兩組，說好最晚下午五點折返，不管走到哪裡，就地掩埋運補裝備，然後走回前進基地營。我和阿展一組，伍大哥和致豪一組；剛出發，男隊員有如沖天炮，一飛沖天，不見人影，我仍以自己習慣的步伐，配合呼吸、調整氣息來獲得較好的高度適應。

從臺灣至前進基地營，為把握短暫攀登期，行程安排緊湊，以至於剛抵達基地營得將腳步放慢，不斷調整。登山不是只有走路，背部的負重，少說也有一、二十公斤重。在碎石坡裡上上下下，稀薄空氣、加上陌生環境，惟有寄情周遭景致，才能忘卻自己形單影隻。登山啊！走久了就會到，第一次總會特別辛苦。我和阿展在下午四點半埋下運補物資後，返回前進基地營。

短短四小時的高度適應與運補作業，感覺精神不錯。攀登路線圖顯示：要攀上冰河上源抵達第一營地六五〇〇公尺，得通過一段當地人俗稱的「超級麻辣燙」，據說這段路不好搞。別說「麻辣燙」，我連冰河上源都還沒走到，一路上感到鼻子吸入的空氣根本不夠，當下恨不得能多幾個鼻孔幫忙吸氣。

天色漸晚，令人緊張又擔心的事情發生了！從黃昏到黑夜，已過晚餐時間，仍遲遲不見伍大哥和致豪回營地。黑夜隨著寒風夾帶冰雪，瞬時將地面染成雪白，溫度因日落迅速降到冰點。我們守著大帳篷，不斷地用GPS對講機呼叫，嘗試和伍大哥、致豪聯繫，雪巴汪助前去冰河口等待，卻無功而返。

對講機終於傳來伍大哥的聲音：「因為下雪，將原來不明顯的路跡覆蓋得更模糊，得吃力的尋找路跡！」直到晚上十二點，總算回到前進營。沒有按照約定的時間回來，害得隊友擔心等待並非是好紀錄，尤其是團體攀登。

午後，大帳篷外持續飄雪，隊員趁此齊聚一堂討論接下來的攀登事宜。瞧見伍大哥整裝時，躍躍欲試的心情，打從心裡露出開心的笑顏。可能是一九九三年攀登珠穆朗瑪峰後，沒能再接觸八千公尺的高山，才會特別期待；首次攀登八千公尺巨峰的致豪，興奮神情全寫在臉上，一刻都不得閒；另一位超新手阿展心情就不得而知了。已完攀七頂峰的我，心情和步伐一樣穩，只想慢慢做好高度適應、細細體驗這喜馬拉雅山脈中藍色女神的風華。

(圖片提供：歐都納世界七頂峰攀登隊)

又來了！「阿爾卑斯式」攀登

比其他隊伍晚入山二十天的臺灣隊，許多事情受到局限，例如：高度適應時間被壓縮，高山地區的天氣週期……為此，隊員們開會討論，致豪提出「速登」方式，也就是「阿爾卑斯式」攀登，以最快的速度、精要的裝備、最短時間攀登上頂，是一種速戰速決的方法。

但「阿爾卑斯式」攀登對我而言，像天方夜譚，是行不通的。儘管自己曾攀登過世界最高的珠穆朗瑪峰，當時從出發到登頂日，足足適應一個半月。卓奧友峰的海拔高度雖然比珠穆朗瑪峰低，卻同樣名列八千公尺巨峰。

打從心底就不贊成速登方式。在自我認知中，這屬於高風險的體驗，人體在低氧、低壓等狀態下時間過長，恐怕會造成腦部與其他器官的傷害而無法復原。另一原因在於，長期居住於海平面的我們，習慣的氣候與海拔高度皆與世界高峰有天壤之別。這與害怕膽小已沒有絕對關係，而是理智的判斷。

已是九月二十四日，明顯感受到天氣在持續使壞，令人摸不著邊，攀登時程被牢牢困住，束手無策。大夥聚在大帳篷內討論天氣，致豪拿出一份高山氣象簡介，我們並非這項專業領域的人，怎麼也看不出個所以然來。

毫無辦法之際，我突然想到一位師長，是當時在台大梅峰農場工作時認識的林博雄老師。林老師在臺灣大學大氣科學系擔任副教授一職，我們透過衛星電話打回臺灣詢問，得到的回答是：「很不巧，臺灣遭逢颱風來襲，老師正執行追颱風計畫。」不過至少有聯絡上。

領教「超級麻辣燙」和「狂風怒吼」

等待終究值得，無線電傳來先行的伍大哥和致豪抵達六五〇〇公尺一號營的消息。營地經理阿展和我，也將上次半路埋藏的物資挖出，裝入背包繼續前進，沿冰河穿梭在一座座巨大冰塔之間，有如放大鏡下的聖代霜淇淋。

緩慢前進至冰河上源，最後來到「麻辣燙」下紮營。傾斜的營地，整晚翻來翻去超級難入睡，總算熬過去。隔天一早，努力爬升至一號營。沿途大量碎石陡坡，乾風咆哮、酷熱難耐，原來這就是傳說中的「麻辣燙」。

其實，「麻辣燙」是一面陡峭山壁，見不到盡頭上的陡坡，整整爬了三個小時才到。雖然途中能眺望美麗山峰，但烈日乾燥，有如吃麻辣火鍋一樣，又烈又辣，

喉頭乾裂、兩腿痠又累，全身必須包緊緊地抵擋烈日與寒風侵襲，過程像烘乾機裡的衣服那樣——迅速烘乾！

結束「痲辣燙」抵達一號營六五〇〇公尺，竟有出頭天之感。一號營有許多圓形帳篷排列成一球一球的，放眼望去像是一排瓢蟲。這裡腹地不大，但算一算也有幾十頂帳篷，被固定在山稜線的凹處。

翻過山稜，山勢垂直下切，風吹到此，順勢下衝。這樣的營地，經常性強風出沒，風聲因此格外低沉，彷彿是從海螺吹出來的聲音，老成內斂。午後難得風輕雲淡，和伍大哥及致豪悠閒地在帳篷內喝茶、閒聊。伍大哥說：「秀眞運氣好，因爲一號營少有無風的時候，竟能被妳遇上。」

一號營進駐多國的登山者，相對之下，四周環境顯得複雜，尤其攀登裝備經常鬧失蹤、不翼而飛——或許是借用，忘了歸還，我們的雪鏟就這麼遺失。伍大哥指向第二營的方向說：「秀眞，由此而上已沒有固定繩架設，全得走在稜線上。」我一聽，心裡打了個寒顫，反問自己：還要往上走嗎？

攀登八千公尺的高峰，最重要得衡量自己的身心狀況，來決定進退與否；而不是抵達八千公尺，發生無法挽回的事才想撤退，這絕對會害人害己、嚴重拖累團隊。冷靜評估，身負重裝、無氧氣瓶輔助等考量，亦深怕給伍大哥及其他隊員帶來負擔，加上採用「阿爾卑斯式」攀登法對我來說，是難上加難。幾經沉思考慮，我決定止步於此。

這一夜，終於領教之前的傳聞——美國隊的帳篷被吹走，且吹壞十幾頂——在一號營整晚狂風不停、猛烈攻擊，至少有十幾級風吧！連人都站不住。簡單用過早餐，速速下撤。

此時，大片烏雲迅速從基地營往一號營移動，致豪看苗頭不對，提議馬上下撤。強風由山稜線的凹處不斷爬上「痲辣燙」的下切點，儘管身背重裝，仍被吹得東倒西歪，站都站不住。我們用盡全力氣與風搏鬥、死纏爛打，直到翻過「痲辣燙」，個個像逃難般地下撤。風依舊若無其事地呼嘯而過，幸好全員順利返回前進基地營。

首度體會「等待與守候」的不簡單

天氣時好時壞，大家心情變得焦躁不安。好消息是我們終於聯絡上林博雄老師，得知未來幾天，將不會有太劇烈的天氣變化，三名男隊員準備再次出發。我想同行，但營地必須有人留守，況且梁明本領隊不久也將抵達前進基地營，我選擇在營等候。

參與攀登活動那麼久，獨自在營留守，還是頭一遭。除了有些孤單，體驗前所未有的營地管理。表面看來沒什麼，分秒所累積的瑣碎事務卻一大堆，過程所累積的壓力是攀登者無法想像。一早起來，得先將所有電源、通訊儀器保持暢通，清楚掌握每位隊員的行蹤、狀況，以及天氣情報的掌握、人員進出、手邊現有資源，包括糧食存量與項目，物品調度、支援等等，經常使用望遠鏡觀看山區情況，尤其正在上攀冰壁的隊員……林林總總、一拖拉庫——最終發現，等待與守候，從來就不簡單。

前進基地營的位置，是觀看卓奧友峰全景的最佳視野。尤其每當雲層圍繞山頭，彷彿女神戴著一頂白色圓盤帽，半遮臉龐，神祕冷豔，難以親近；據說我們來訪的時機不對，已是攀登季後段，山頂上大部分時間都吹著強烈雪煙，想要一睹女神美麗風采可難喔！能夠留在前進基地營，由不同角度觀賞八千公尺巨峰的瞬息萬變、精彩畫面，也算是種小確幸吧。

十月一日，梁領隊終於抵達前進基地營，頓時感到如釋重負。正牌的領隊總算就職，以往我的角色都只是攀登者，從沒當過營地經理，這次受益良多。

梁領隊果然經驗老道，滿腦是新點子。隔天我陪著他去做高度適應，順道拜訪中國地質大學營地。這幾天，所有的人都開始往登頂路上推進，伍大哥與致豪推進至第二營地七五〇〇公尺，阿展暫留在第一營地支援。梁領隊非常高興，攀登行動相當順利，阿展甚至鼓勵梁領隊，有機會要前往第一營，體驗一番才好。

廚師一聽到梁領隊要上去第一營，便忙著烹調拿手的咖哩羊肉，想請梁領隊帶上第一營給阿展吃。沒想到咖哩羊肉才剛煮好、裝進罐裡，無線電就傳來阿展打算下到前進基地營，這消息讓梁領隊有些失望。當阿展回到營地，瞬時讓前進基地營再度增添熱鬧氣氛。

十月五日，約莫中午十二點三十分，無線電忽然傳來伍大哥破嗓沙啞的聲音，告訴梁領隊再過二十分鐘就要登頂了。梁領隊一再提醒伍大哥得注意回程的時間，至此之後便失聯。

由於伍大哥透過無線電傳來的聲音，實在和以往聽到的聲音大不相同，聽起來是疲憊不堪、需要支援的聲音。如此重要的時刻，偏偏又失去聯繫，我們只能猜測或等待。時間來到傍晚，伍大哥與致豪仍無消息，讓營地再次陷入既緊張又擔心的狀態，且無法休息、入睡。

是無線電通訊出了問題？還是伍大哥他們發生了什麼事？一連串的不確定縈繞在我們的腦海中，只好趕緊通知臺灣的程董事長，同時運用當地人脈資源。梁領隊以最快時間打電話到西藏山協請求支援，西藏山協也緊急連絡卓奧友峰前進基地營的登山學校，原本他們準備撤營，一接獲消息便決定留下五名菁英來支援我們。

登山學校的攀登隊長也到營地來關心，共同商討處理方式。事情變得十萬火急，讓我深切體認到──原來，營地的經營管理非常重要，所賦予的責任與壓力絕不亞於第一線的攀登人員。集結資源、各方全力協助，再來就等隔天上山搜救。

攀登珠穆朗瑪峰前的絕佳磨練

清晨時分，無線電傳來令人期盼已久的聲音。梁領隊從椅子上跳起來接聽，無線電傳來和昨天完全不同的聲音——沒錯！是伍大哥精神飽滿的聲音。刹那間，我們終於放心了，趕緊通知原本答應協助搜救的單位：已聯繫上隊友的好消息，急忙到所有營隊通報訊息與致謝。

原本登山學校留下來協助搜救的人員聽到任務取消，可以回家休息，現場歡呼聲不斷，事情終於圓滿落幕。阿展趕緊打電話向程董事長報告此消息，總算解除這段攀登的緊急插曲。

在那兩天期間，卓奧友峰的登山隊員摔死及猝死、或嚴重凍傷等意外頻傳，令我們也跟著捏把冷汗。在這令人恐慌的事件當中，伍大哥和致豪根本不知道他們的失聯造成多大的牽動。雖說人平安就好，我卻有另一番看法，深感這就是七頂峰隊員最初的問題所在——攀登方式、隊員之間的默契、認同及團隊共識，心態似乎還停留在個人主義。

話又說回來，這次失聯事件就是我們攀登珠穆朗瑪峰前的最好磨練，無論在應變措施、通訊設備、隊員的習慣、責任，該如何分辨、溝通，是平時較少機會碰到的。透過攀登訓練，不僅讓我滿載而歸、拋開登頂與否的枷鎖，也讓我明白：其實遠征隊的成功與否，並非靠個人力量就能完成的。

等到伍大哥與致豪平安出現在我們面前時，天色已暗了下來，天氣再度進入結凍狀態，原本冰凍的心也隨著平安歸來的隊員漸漸回溫。我想，之後的珠峰攀登有此前車之鑒，將會更順利。

第十四章

每一次出發，
都爲生命帶來新希望。

——二〇〇九年再登珠穆朗瑪峰Mount Everest紀實

再登珠穆朗瑪峰Mount Everest，世界第一高峰，海拔8,848M，
位在亞洲喜馬拉雅山脈，中國與尼泊爾邊界上。（圖片提供：歐都納世界七頂峰攀登隊）

距離第一次登上珠穆朗瑪峰的十四年後，有緣再度與珠穆朗瑪峰相見，連我自己都感到分外驚喜且不可思議！

塞著「最原始的耳塞」出發囉！

二〇〇九年四月一日，天色未亮，我們準備飛往海拔二八五〇公尺的魯卡拉（Lukla）——珠穆朗瑪峰南側健行路線的起點。海關人員應付性的檢查，只問有沒有隨身帶刀或利器就可順利過關，感覺好友善。與莫斯科機場通關時全身被搜透的感覺比起來，這裡眞的好多了！

通關之後，大家在候機室等待，被點到航空公司名字與登機序號就可以搭機了。當地飛機能否起飛，得看老天的臉色，據說在這之前已經有三天沒飛了，而我們運氣好，等候不到一個早上就能順利飛上天際。

一進入機艙，看見空姐端上一盤棉花，起初還無法會意，後來發現其他人都往自己的耳朵裡塞，才發覺是爲了預防飛機起飛及飛行中的巨大聲響會震破耳膜，所以爲乘客準備了「最原始的耳塞」。

往外一瞧，盡是尼泊爾的谷地與溪流，如同加德滿都街牆上一幅幅的鄉村寫生畫。飛機緩緩飛往山邊，壯闊的喜馬拉雅山脈景觀似排山倒海而來，雲一朵朵地飄過機身，空中俯瞰的美與平地所見完全不同，所有的景物都縮小了。小飛機進入不穩定氣流中發生大力搖晃，在機艙內的我們也被用力地甩來甩去，幸好還是平安抵達魯卡拉。

帶給雪巴人生命希望的登山典範

魯卡拉機場不同於一般，飛機跑道採用爬坡式的設計，以便短時間內讓飛機能夠煞停。因為魯卡拉的腹地不大，又必須在短距離內完成飛行起降所考量設計，因此，往往讓乘客有一種飛機快要撞山的視覺誤差。

一下飛機，領取行李並離開機場，我們直接走進珠峰大街，看著許多雪巴人與當地居民在機場鐵網外爭先恐後地等待工作機會，一副快擠破頭的景象眞讓人詫異。我們爬上石階，先進到機場邊的一間小旅館，做短暫休息。

旅館內擺滿來自世界各國的紀念旗，牆上一張偌大的肖像則是世界第一位成功登頂珠峰的登山家艾德蒙・希拉瑞爵士，他於一九五三年成功登頂，同年也榮獲英國女王贈頒爵位，更是雪巴人最尊敬的人。

希拉瑞爵士是一位值得效法的典範人物，他曾說：「登頂珠穆朗瑪峰並非他最大的成就，而是下山後，協助改善雪巴人的生活！」尤其他長年將各項資源無私奉獻於尼泊爾山區，不僅帶動當地登山健行的風氣、增加居民工作機會，並注重當地教育，設置登山學校、診所，方便居民生病能就醫。

最重要的是，他帶給當地人對生命的希望，展現出登山家的慷慨氣度、無私與包容力，這深深影響了當地人的後代。看著他當年豪邁的登頂照片，也讓我想起一九九九年曾在紐西蘭和他本人合照，親身感受他偉大不凡的氣質——他是我學習的最佳典範。

四月初是尼泊爾的登山旺季，珠峰基地營的健行步道聞名國際，每年總是吸引不少登山健行者來此朝聖，眼前正是一幅車水馬龍的景象。沿途的植被和臺灣的高山極相似，走過一段路後，石階步道就恢復成一般的蜿蜒山徑。大約下午兩點半，我們抵達位在河階平臺上的法克定（Phakding），海拔高度二六〇〇公尺；住進旅館後，下午慵懶的在旅館露臺上感受溪谷旁僅有的微熱陽光。

海外攀登的「極地法」和「包圍法」

四月六日離開法克定後，一連幾天，我們邊走邊做高度與環境適應，從海拔三千公尺到五四〇〇公尺的珠穆朗瑪峰南側的基地營，平均一天住一間旅館，在附近的小山做高度適應。雖說「小山」，望眼看去隨便一個山頭，可都超過五千公尺呢！

十三日下午，我們抵達珠穆朗瑪峰南側基地營，這裡的地形和位於西藏的北側第二營地相似，營地同樣架設在冰河上，取水方便且離起攀點很近。雪巴人在我們抵達基地營之前就將營地事物打點好，剩下要做的是搞定太陽能電力與通訊設備。

經過連日的佈置與適應後，全體隊員開始進行從五四〇〇公尺的基地營到七三〇〇公尺的第三營之間，多次上下做來回的高度適應。直到登頂前一週，隊員才下到基地營以下的高度休息，幾天之後，以最佳的體能狀態返回基地營，然後從基地營出發，在天氣穩定期以四至五天的時間來完成登頂任務，這便是海外攀登中所謂的極地法和包圍法。

十九日，爲了做高度適應，我們早上從五四〇〇公尺的基地營，爬升到第一營海拔約六千公尺的地方。珠峰基地營每天都處於零下十多度的低溫環境中，在清晨時分最入眠時，捨棄溫暖的睡袋，穿上冰冷的裝備，這有如裸身跳湖游泳般地讓人痛苦難耐。儘管如此，當下還是得說服自己去面對，鼓起勇氣走出大帳篷準備出發。

而在昆布冰瀑區（Khumbu Icefall），原來早有一長串攀登者亮著頭燈行進著，大家應該是趁著山神還沒醒來，趕緊偷偷的往上攀爬。那一刻，昆布冰瀑的頂端掛著像橘子瓣一般的月亮，眞的好美！

昆布冰瀑區從海拔五四〇〇公尺的基地營到第一營地的六千公尺，海拔落差有六百公尺，攀登難度很高，除了體力與耐力的消耗外，其他什麼都別想。這裡也是出名的活埋區，因爲最容易發生雪崩。登山客穿梭其中有如螞蟻般渺小，雪

從基地營前往第一營。

崩發生瞬間會遭活埋，就像一杯突然傾倒的椰奶，將螞蟻瞬間淹沒一樣。

儘管地形破碎卻有層次感之美，外加強風、像雕塑家把佇立的冰雪塑造成不同的型態，讓我們穿梭在樣式各異的冰河之中。然而，被巨大的天然冰雕圍繞著是一種既華麗又易碎的感覺，隱藏著美麗與危險。

走在冰天雪地中，心情是矛盾的。既希望太陽趕快升起，帶來光亮與溫暖，但又怕陽光照入昆布冰瀑的冰雕區，加速雪崩發生的風險。當光線照射在冰雕上，有如百萬面鏡子，讓光線從四面八方向人折射，眼睛完全張不開，相當難受。即使想逃，卻因地形無一吋平坦，像破碎的豆腐，只能小心翼翼地跨出每一步，謹慎地通過十幾座鋁梯，否則會掉入冰河裂隙的無底洞，再也回不了家。想到這裡，只能拋棄心中的日出妄想，寧可待在黑暗中的冰宮，也不要被黎明即將升起的陽光追著跑。

分秒必爭，才有活下去的機會

事情往往不如所想的那般輕鬆。每天一打開帳篷，就可以瞧見昆布冰河劇烈的造型，讓人想找千萬個理由逃避，拒絕進入令人窒息的昆布冰瀑區。一旦進入冰瀑區，想避開雪崩活命，就得有分秒必爭的準備。然而穿上冰爪、踏上昆布冰瀑的第一步，我對自己說：由不得你決定了，人已在出發的路上，認命吧！這是你的選擇，絕不能輕言放棄。

一旦走在攀登路上，心裡竟自動產生突破障礙的痛快感覺，這時我堅信自己能走完它。背著七公斤的裝備，在五四〇〇至六千公尺的昆布冰瀑裡穿梭是很辛苦又危險的事，當時自己都快四十歲了，脆弱與堅信一直在此刻徘徊、猶豫，要消除內心的障礙，得更加鼓起勇氣去面對。

攀登路線在五九〇〇公尺附近，有段長一百公尺的雪崩區，雪巴桑都一再叮嚀我要快速通過，不能有任何停留。眼前所見是散落一地、大小不一的冰塊，想必雪崩不久前剛來拜訪過，心中不免打起寒顫。

我屏氣凝神，深吸一口氣，想快速穿越危險地帶。但任我再快，仍走不出短短的一百公尺。缺氧環境下的高山區、和平地的環境天差地遠，當下感覺已上氣不接下氣，甚至有短暫窒息。還差三分之一才能通過安全區域，幸好太陽還沒照到這裡，否則插翅難飛。原來，想獲得生存的一口氣，竟如此不易，必須分秒必爭，才有機會活下去。

我們抵達第一營地，這是攀登過程中做爲短暫停留的過渡營地，只有簡易的空帳篷。晚餐簡單吃韓國泡麵，外加鮪魚罐頭。一切得來不易，比起之前爭那生存的一口氣，此刻充滿幸福感。可幸福維持不到幾分鐘，今晚得直接睡在冰雪上的痛苦，隨後將登場——一整晚冰雪寒氣狠狠地刺穿身軀，讓人麻木、冰凍，這是攀登珠峰必經的歷練！值得安慰的是，可以親眼目睹傳說中令人崇敬的珠峰西南壁。

從第一營前往第二營。

下午三點，冰河谷開始起風，我躺了一會兒，第二營的營帳位在冰河的小稜線上，一颳起風難免遭殃。帳篷外呼聲四起，別說小睡片刻，連闔眼都休想；說睡覺，也只是安慰自己某部分的細胞罷了。

往前進基地營的高度適應比第一營還高出海拔四百公尺，由於高度增加，負重的背包得謹慎整理，只帶最重要且必須的裝備，如睡袋、水壺、手套、保暖衣物、相機等，一些奢侈品如書籍或日記本等，甚至連一枝筆都不敢想，更別說帶著走。

午後的風持續的吹，絲毫沒有要休息的意思，整個帳篷只剩下自己，心想找個事來做，脫下手套，看見自己的手竟然黑漆漆一層，一部分是曬黑，另一部分是因爲上山後不常洗手，導致雙手變黑且微微發亮，和木炭沒啥兩樣，手背、手心顏色明顯不同，幾乎分離。

常有人問我：前往海外攀登高峰必須忍受什麼？我的答案是——當身上的角質層像雪花般飛揚，臉一天天變黑，皮膚變皺，再加上長時間沒有洗澡，肯定是最難熬的過程。尤其對女性來說，愛美是天性，也是大家最在意的。可常言道：

人的軀體只是向老天爺暫借用，若能體悟此道，學習接受、面對，一切將變得容易克服。

高山上的蓮蓬頭與電熱水器

風一直很大，登山者像等待審判的犯人般無計可施。整個午後都吹著強勁的乾風，即使躲在帳篷內，還是感覺口渴、嘴唇乾裂、手指甲裂縫的痛，接著不斷地乾咳，這一切難受與痛苦，我們只能默默承受，直到女神氣消。

第二營的廚師勤快地將熱水壺補滿。伍大哥天生「好鼻師」，一打開水壺就能聞出煤油味。在海拔六四〇〇公尺處用煤油爐燒水，氧氣不足導致燃燒不全，加上天冷風大，廚房帳篷關得緊，氣體燃燒不完全便沉澱在煮水鍋裡，煮成了煤油水，搞不好在我們身上點個火便能輕易著火呢！伍大哥見此狀堅持不喝，我和小浉爲了解渴，拚命喝煤油水，不過我們有另外加料——拿覆盆子、蘋果茶、花茶茶包等，統統加在一起泡，試圖騙過自己的鼻子和味覺。

被強風猛烈攻擊了一整夜，發現原來不只地震會天搖地動——在第二營的營地躺著，伍大哥說就像鼓樂喧天般的酒吧，不停發出砰、砰、砰的聲音；小浉也說再這樣下去我們會腦震盪。這一夜我和小浉輪流守夜，躺著睡不著，乾脆坐著打盹，終於熬過痛苦的夜晚。

清晨，伍大哥叫我和小泝準備出發下山，我趕緊到客廳帳，穿好裝備、用早餐。風勢越吹越大，伍大哥猶豫著這樣走出去風險太大，和雪巴桑商量後，決定採用團結力量大的方式，與其他隊伍一道下山。不久，雪巴桑匆忙跑進來說：「下山吧！今天很多人上山，分析下山路線應該沒問題。」我們幾乎用跑的下山。畢竟和這裡比起來，基地營才是天堂。

我們不斷地上、下山，磨練心志，適應高度與環境，熟悉自己的體能狀況。完成海拔五四〇〇公尺基地營到七三〇〇公尺第三營的高度適應，我們決定五月四日離開基地營，下降到四三〇〇公尺的丁波切，做登頂前休息，並與支援隊、媒體及高醫師會合，然後一起回基地營。

據說丁波切的小旅館有昂貴的電熱水器設備，女主人將使用步驟清楚告知使用者，避免弄壞山區的珍貴資源。午飯後，經過講解，伍大哥快樂地洗澡去，而我因爲感冒遲遲不敢嘗試，深怕洗到「溫水澡」，感冒絕對加重。不一會兒，伍大哥很滿意地從浴室出

從第二營前往第三營。

來，直呼過癮，而且還保證水很燙。經再三考慮，我還是決定去洗澡，畢竟在高山地區還有熱水澡可洗，這事兒，實在太吸引人啦！

在珠峰基地營區，洗澡通常是用鋼杯舀水清洗，但這浴室竟出現熟悉的蓮蓬頭與電熱水器。興奮的將蓮蓬頭開，水的確很熱、燙人，美中不足是水量像珍珠般大小，讓我對它又愛又恨。但資源缺乏的山區，應該要感恩，辛苦工作的雪巴人哪有熱水澡可洗？

選擇撤退，需要極大的勇氣

五月十五日清晨，完成祈福儀式，四位隊員正式向第一、二營地出發；在第二營地住兩個晚上，小泝因高度適應不佳、經多方討論，考慮許久，決定放棄最後的登頂行動。

大夥都覺得可惜，已至最後關頭！爲何不堅持下去呢？小泝一臉苦惱地說：「昨天從基地營到第二營地，途中陽光強烈，雪地折射，結果出現輕微雪盲，加上整晚一直咳嗽，完全無法入眠。」如果強行去登頂，擔心途中體力透支會拖累團隊與既定的登頂計畫，毅然決定由雪巴協作員陪同，先回到基地營休息。

聽到小泝要撤退，心情多少受到影響，歷年攀登報告與經驗或許是小泝考慮撤退的最大因素。攀登者用盡全力苦撐到八千公尺，當體力完全透支時，有誰能幫助他安全下山呢？是全隊撤退？還是依靠雪巴人的幫助？況且，登山運動一定得將自己逼到極限、分秒陷入死亡的狀態，才是超越極限的表現嗎？

考驗自己面臨進退的困境拿捏、錯綜複雜的心情、分辨輕重緩急，是每位登山者必須清楚理解。登頂決心似乎容易決定，但撤退的勇氣卻難上加難，尤其在臨門一腳的時刻。隔天一早與小浙在前進營路口揮手道別、互道平安後，我們三人繼續往第三營地前進。

人類攀登珠峰留下的不良示範

第三營地沒有任何腹地可言，感覺被騰空且睡在懸崖，營帳彷彿鑲崁在山壁上。出入得格外謹慎，若不小心可會滑落山底，一命嗚呼。隔天，我們從第三營出發前往第四營，一路上冰坡陡峭，近乎七十度。

伍大哥和致豪走在我的前方，直線距離雖然只有短短一、兩百公尺，隱約可看到他們的身影，但眞正要趕上他們，可能需要一個小時。越往上攀，越覺得快和太陽平行，爬上坡轉個彎，在第二營六四〇〇公尺所看到的洛子峰（Lhotse），相較眼前所見，已沒那麼高了，唾手可得。

我們大約在下午兩點四十分抵達第四營，此處是鞍部地形，因位於南側，所以稱爲「南坳」。營地架設在板岩上，一眼望去是滿山滿谷的營帳及四處散落的從第三營前往第四營。

垃圾，這當然是來自人類攀登珠峰所留下的不良示範。

雪巴協作員正在搭建第四營的營帳，南坳的營地得確定登頂人數、行動，才會進行搭建，若提前完成搭設，恐被強風吹走。在第四營的營帳內，致豪和伍大哥將心電圖傳輸回臺灣（這是一項由臺北榮民總醫院和工研院所合作的遠距高山運動員生理監測計畫），透過衛星電話等傳輸儀器，將此資訊傳遞至臺北榮總的高醫師，用以確認每位隊員的身體狀況。在海拔七九五〇公尺的最後營地，空氣稀薄幾乎令人窒息，每個人都必須戴上氧氣面罩，並保持吸氧狀態。

傍晚，鄰隊的嚮導前來和致豪打招呼，他們決定將在當晚八點出發登頂，並詢問我們何時出發？我們尊重雪巴人的專業，預計當晚十點才出發登頂珠穆朗瑪峰。至於其他隊伍則選擇在晚上七點出發。

在前往世界最高點的路上遇見「塞車」

當晚十點一到，我們走出帳篷，外面一片漆黑。每個攀登者頂著頭燈，在黑暗中移動，形成一條閃亮的光帶，點綴在珠峰頂上，有如女神的珍珠項鍊。穿好身上最後的裝備「冰爪」之後，也加入這條明亮的珠鍊，緩緩上攀，心情就像趕赴一場高山盛宴。

凌晨三點，我們抵達八五〇〇公尺左右，一處俗稱「陽臺」的位置，在此短

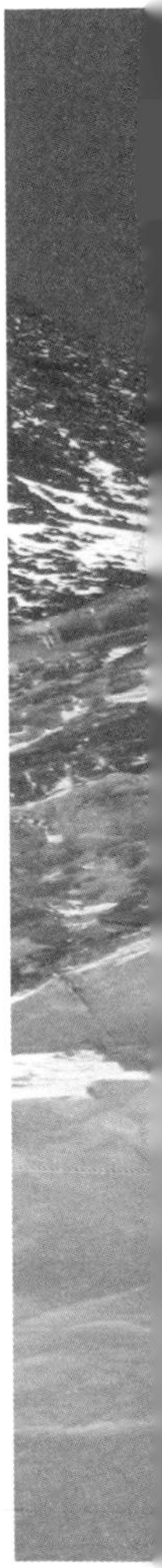

暫休息，想喝一口水，保溫瓶的蓋子卻怎麼也轉不開，原來瓶口竟結冰！再拿出背包裡的巧克力，卻也硬得像石頭一樣！最後管不了那麼多，直接把糖果塞在嘴裡，讓它慢慢融化，以增加能量。

更換好氧氣瓶，繼續上路。此行歐都納公司特別爲我們量身訂製的「全副武裝」——連身羽絨衣，可把全身包裹得密不透風。稜線上迎面而來的寒風，卻襲擊無法包覆的臉頰，幸好氧氣面罩與雪鏡擋住臉部三分之二的面積，才讓臉頰凍傷面積不至於擴大。

太陽在冰點的盡頭漸露頭角，我從羽絨衣裡拿出相機，沒想到相機竟也結冰！前方的攀登者一個接一個大排長龍，爬升速度，走一步停兩步，通往世界最高點的路上竟然出現「塞車」景象。由於當年西藏進行抗暴活動，山區戒嚴，原本北側路線攀登者，當時全聚集在南側攀登路線上，共計有五百多位攀登者，可說空前盛況。

我們在早上八點半抵達南峰頂，再次更換氧氣瓶，正式踏上往主峰的稜線。雪巴桑都指著珠峰頂的方向說，再走一個半小時就能抵達目的地。天啊！那可是一段驚險恐怖的冰雪岩混合地形，在某些斷崖處，還要懸空掛在岩壁上，以等候稍早的登頂者下山！

代表臺灣隊的我們，在當地時間上午十點二十分左右，成功登上世界最高峰——珠穆朗瑪峰八八四八公尺的頂端。三年多的努力，歷險無數，終於成功達

從第四營前進峰頂。

世界七頂峰完攀成功！
(圖片提供：歐都納世界七頂峰攀登隊)

成目標。只是登頂的當下，我們無法立刻展開笑顏，因爲下山才是眞正考驗的開始；在雲霧漸顯的時刻，心更要提高警覺。要知道，歷年珠峰山難事件的發生，大多數是發生在下山的路上。

直到下午五點，我們安全回到第四營，全體隊員都平安下山，一起完成了共同的願景——登頂世界最高峰，並帶回完整的攀登過程紀錄，也爲七頂峰任務劃下完美的句點。

第十五章

登頂前轉身，最困難的選擇。

——布羅德峰 Broad Peak 攀登紀實

布羅德峰Broad Peak，世界第十二高峰，海拔8,051M，
位在亞洲喀喇崑崙山脈，中國與巴基斯坦邊界上。

二〇一一年炎夏六月的午後，我在巴基斯坦的高山上泡了一杯來自家鄉的烏龍茶，茶葉經過揉撚成球狀，看著它慢慢在熱水中伸展開來。平常在攝氏九十度的熱水中，最多讓它待個六十秒就要趕緊把茶湯倒出來，否則茶鹼一跑出來，就會變成「苦茶」。

在高山地區，做什麼事都快不得

此時此刻，若要讓葉子完全伸展開來，需要等上五分鐘左右，在海拔四九〇〇公尺的布羅德峰基地營，做什麼事都快不得。就如同那杯帶著家鄉思念的烏龍茶，想喝它，可得要非常有耐心。

巴基斯坦旅程的第一天，我們一大清早坐上小巴士，朝目的地司卡度（Skardu）出發。當時天候不佳，乘坐飛機的可能性是零，我們因此認清事實——接下來兩天都得在這輛小巴士裡度過。

第一天車程就長達十六小時，小巴士穿梭在蜿蜒驚險的峽谷與顛簸的坑坑洞洞之間，沿途經過村落小徑、寬路窄巷，但我仍睡得舒服。這讓我想起父親也曾是一名職業司機，開車技術和態度就像這位小巴士司機一樣，面對狀況連連的山路，仍舊穩穩轉著方向盤，盡量不讓人暈車，安全無虞地抵達目的地。一路上，我發現他話不多、開車專注、脾氣好、技術沉穩。

我們一路翻山越嶺，印度河不斷纏繞。看著車窗外，路的盡頭還是路，山的盡頭還是山。原本以爲進入山區會是風光明媚、綠意盎然的景色，不料眼前所見全是不長草的山壁、荒漠、乾涸田地、風沙漫颺，難得見到有水氣的坡面。令人驚奇的是，懸崖峭壁上也有人居住，房舍幾乎鑲在峭壁上。夾縫中求生存的本事，在這兒看來似乎稀鬆平常。

第二天車程耗費了十二小時又二十分鐘，大部分是峽谷路段，一邊是岩壁，另一邊是斷崖。我們看著水波洶湧、滾滾黃泥的印度河，這一路上沒有公路護欄也無轉彎的照視鏡，全憑司機的經驗和膽識，小巴士甚至還得戰戰兢兢地駛過吊橋！

我們一直行駛在印度河峽谷，萬丈深淵不見休息處，當車子順利走完峽谷，來到溪邊已是下午四點，這是我們的「午餐時間」。再怎麼差勁的旅行社，也不會讓旅客餓到谷底，不過在這裡一切都是例外，也是常態。擔心行李超重，連零食都不敢帶，在車上完全沒得吃；下車吃的三餐也是一樣的食物，一路上被餓得軟趴趴。

來到伊斯蘭的國度，這是眞主阿拉給予我們生命教義中的第一項試煉——耐力考驗！如果你沒能承受這般考驗，絕對進不了喀喇崑崙山。當你歷經了這一切之後，也將深深體會到世上還有什麼食物是不好吃的呢？

回歸原始的純眞感受

路途中有一座橋樑損壞，車子必須在某個村莊繞了一大圈，十二個小時後才抵達司卡度。我們用過晚餐，將行李提進房間。原本燈光還明亮著，忽然間四周陷入一片漆黑——停電啦！我只好拉開落地窗的窗簾，雖然看不見月亮，卻有美麗輕柔的夜色相伴。置身在這樣的國度，生活環境嚴苛、物資缺乏，就得抱持平常心才能安住；別想太多，讓一切回歸原始才好過。當下，感受到河畔的夜色清明微亮，美極了。

揮別了熱鬧的司卡度，美麗的朝陽伴隨著三輛吉普車往深山前進。隊員們分坐兩部車，另一部紅色吉普車可厲害了，除了堆滿行李外，還站滿十來位工作人員。一整天的路程，都是左晃右撞又蹦蹦跳跳的，許多路段都駛在印度河的懸崖上，場景有如越野賽車般驚險刺激。身手矯健的吉普車司機，個個似乎是天生的賽車手，瘋狂地在野地馳騁。

坐在車內的我，全身上下骨頭幾乎都要散了，更別說那群像沙丁魚站在車後頭的工作人員，緊緊地站在車上，忍耐力非比尋常，沒人喊苦，也沒人摔落山谷。可見，越是習慣於危及生命的環境，或是長期生活匱乏者，越能激發出人類求生和忍耐的本能。

之後，我們抵達登山前最後的村落艾斯可麗亞（Askole）。從這裡開始，

又是一種天、地、人合一的單純感受。

要步行九十三公里、睡帳篷一個多月、沒得洗澡……等等。午後，獨自在寧靜的小村落四處走看，欣賞有如世外桃源般的田園風情，順帶放鬆幾天以來緊繃的心情。黃昏時分，村民們結束一天的農作，男人與孩童拿著鋤頭、鐮子，沿著田埂小徑，伴著夕陽餘暉走回溫暖的家，眞是一幅天然絕美的畫作！

Insha Allah！一切得看阿拉的旨意

隔天一早，又有驚喜了！一二〇名挑夫從露營地一路排隊到村落外頭，還有員警來維持秩序。有位領頭大哥負責唱名，規定誰揹什麼樣的行李，每個人只能揹二十五公斤，行李都得先秤過。六天的行程，這些挑夫有一半是要挑他們自己的東西，包括爐具、食物、鍋碗等等，眞是大陣仗，簡直可以媲美非洲吉力馬札羅峰的挑夫大隊了。

離開臺灣的暑熱，總覺得可以在這樣的海拔山區避暑，但情況卻相反，差點沒被熱死——我穿著短袖排汗衫，頂著大太陽，沿著印度河谷一路起起伏伏，赫然發現手錶的溫度計竟然顯示攝氏四十八度，一度以爲手錶壞了，詢問其他隊員後，結果大家的手錶顯示都一樣。

令人難以理解的是，如此酷熱高溫、空氣乾燥的環境下，揹負二十五公斤重物資的同行挑夫，卻還是身穿長袖、頭頂著毛帽，難道他們都不熱嗎？沒多久找到答案了。我一路上不停地補充水分，整個人卻快被烤乾——原來穿著短袖的我，導致體內水分過快蒸散，若來不及補充，時間一長，會嚴重中暑。

午餐時間，大家坐在樹下的餐桌旁等候著。最後抵達的我，簡直像頭快渴死的駱駝一樣，廚師助手見狀，馬上遞了一杯冰橘子汁，我二話不說就咕嚕咕嚕先往嘴裡灌。開心解渴後，才回神想到：這裡沒冰箱，哪來的冰果汁呢？我問他，他一臉得意地指著身旁看來還算清澈的印度河，瞧見大家都在喝。

當地人都直接喝生水，絕不會有事。我們這群外來客人，沒來得及好好認識在地的「細菌」，更別說成爲好朋友。心想，剛才渡河時，河水看來還算乾淨，應該不會有事。結果午餐後的半小時，開始邊走邊拉，拉到四肢無力。狂瀉的噩夢揮之不去，眞是雪上加霜，我發誓再也不敢喝什麼「冰果汁」了。

我們在沛優（Paiyu）營地的綠蔭大樹下充分休息了一天一夜，再出發前往烏杜卡斯（Urdukas）。從印度河接上巴托羅冰河（Baltoro），正值夏季，高山野花盛開，石頭縫裡迸出各式各樣的小花、小草。之後抵達一個居高臨下的營地，大岩壁上繁花似錦，好像是衆神的花園。上帝造物太神奇了，讓野花在荒地綻放。

如此大陣仗，簡直可媲美非洲吉力馬札羅峰的挑夫大隊了。

離開烏杜卡斯大岩壁的營地，我們開始在冰河的碎石堆爬行，幾乎被淹沒在巨大的冰河裡，身旁矗立著各種形狀的冰塔，腳上踩的全是硬冰與石頭。歷經六個小時，終於到了Goro II健行營地。

在巴基斯坦，「Insha Allah」可不是口頭禪，每個人在面對不是自己可以決定的事情，通常會脫口說出這句：「Insha Allah！」意思是：一切得看阿拉的旨意。表示尊敬宇宙、自然與心中的眞主。

天氣是人類無法掌控的。尤其在喀喇崑崙山區，氣候變化大，環境相當嚴苛，物資缺乏，食物補給不易。我們之後就遇上道路中斷，新鮮食物遲遲無法送達基地營，所有隊員只吃白米飯加上一種蔬菜，長達兩個星期！巴籍廚師阿畢害怕斷糧，連蔬菜都嚴格控管。當你問食物到底何時會來，他會非常肯定地回答你：「Insha Allah！」

每一座山都是不同的生命導師

新的一天開始，我們從Goro II健行營地，前進布羅德峰基地營（Broad Peak Base Camp），二十公里的路程至少要走八個小時。午後，風越來越大，雲層將太陽遮住，風也因此變得寒冷。隊伍中，四十歲的自己經常性落後，又沒有其他女性夥伴隨行，和這群年輕小夥子比起來，眞是吃力呢！

一同進入山區的當地挑夫穿著一雙膠底鞋，有的甚至只穿拖鞋、套著一雙破了再補、補了又破的襪子，負重二十五公斤的物資，卻比我們都早抵達基地營，這般功夫令人佩服，也讓自己傻眼，因爲自己腳上穿的可是專業的登山鞋呢！

順著巴托羅冰河前進，我們來到協和廣場（Concordia）。這裡海拔上升約五百公尺，冰塔林立，形態各異，宛如凝固的海嘯、一座座冰雕呈現在冰河裡，置身其中，像欣賞一場藝術饗宴。

巴托羅冰河在此一分爲二，一邊往K2峰，一邊往加布舒一、二峰（簡稱GI、GII峰），是世界十四座海拔八千公尺中的兩座巨峰。我們的目的地是往K2峰方向的布羅德峰基地營，它位在K2峰之前。

這裡有另一條名字念起來有點饒舌的冰河——歌德溫奧斯丁冰河（Godwin-Austen Glacier），它是兩個人的名字合在一起。巴托羅冰河和歌德溫奧斯丁冰河的匯集處，稱爲協和廣場，運氣好的話，可親眼目睹世界第二高峰喬戈里峰（Chhogori）——也就是K2峰的英姿。

當時我們一邊吃著午餐，一邊目不轉睛地盯著同一方向，期盼著那一抹雲霧從K2峰的面前飄走。過了好一會兒，雲霧還是聚集在山頭不動。營隊的廚師便催促著所有人離開，大家無奈地收拾桌椅，揹起背包準備繼續前行。才起身、抬頭，巨大山峰霎時清楚地矗立眼前，獨立、傲世群峰！難以置信的近距離接觸，當下讓渺小的自己目瞪口呆，震撼人心的影像刻在心版上，久久不能逝去。

此刻，心底縈繞好幾天的疑問終於解開了！——我爲何不斷在雲端上的高峰行腳，到底在追尋什麼？——原來，每一座山都是不同的生命導師，開放且無私地讓我體驗、思索不同的生命哲學。

布羅德峰基地營位在前往K2峰的路上，全由冰磧石所組成的，也是攀登隊物資馱獸的必經之路。我們的營地建在冰河中間，一邊面對著布羅德峰，另一邊是巨大的山牆，像被上天用斧頭硬生生劈開。帳篷搭建好，開始定居在四八〇〇公尺的布羅德峰基地營；一切就緒，等待天晴。

進入基地營兩個星期，食物補給出了問題，我們幾乎菜盡糧絕，廚房的庫存只剩下幾顆小馬鈴薯和洋蔥，廚師甚至到其他營地去借糧。巴基斯坦，在農作物尚未進入現代化的基因改良階段，加上自然環境嚴苛，和臺灣相較之下，物產的體積都顯得迷你，成熟期也較長。

還記得進入基地營的第一次補給，竟來了一頭全身黑亮亮的羊。巴基斯坦山區沒有尼泊爾山區便利進步，鮮食不易保存與運送，羊咩咩從其他村落一路趕進基地營。也就是說，這頭羊和我們一樣走了九十三公里路，越過冰川，踢著上上下下的石頭路，才抵達布羅德峰基地營的廚房。

黑羊休息了一個晚上，隔日穆斯林協作員依照既定的儀式誦讀經文，再予以宰殺。過程怎不令人深深折服？吃著羊肉的人們怎能不感恩與謙卑呢？這是生命至高的奉獻。

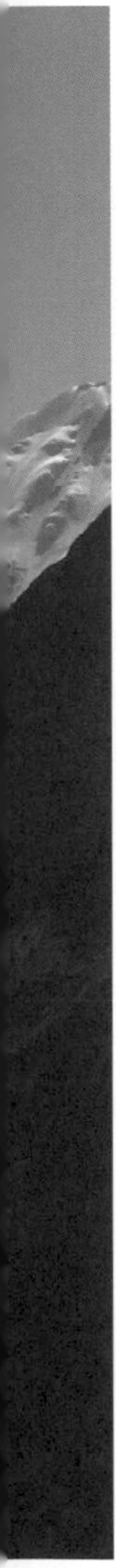

每一座山都是不同的生命導師，讓我體驗、思索不同的生命哲學。

輕、緩、轉、放——四「步」曲的登高哲學

七月二十四日是第一波登頂行程。早晨六點，黑老闆、元植、還有我，三人由海拔六二〇〇公尺第二營地往上攀登，預計中午抵達海拔七一〇〇公尺的第三營地。我們身穿厚重的連身羽毛衣，走在綿延不絕的雪坡上。還記得初次見到布羅德峰陡峭的攀登路線，一心只想著：要如何才能到達山頂？

經過幾次來回的高度適應，從中體驗出「輕、緩、轉、放」四「步」曲的登高哲學——腳步放輕；緩緩地爬；遇到絕境轉身與轉念，適時地知難而退；上下坡放下身段，一步步配合呼吸。

爬山與下山，沒見過有人能一直保持抬頭挺胸的模樣，這是相當深奧的人生哲理。終於爬上稜坡，一坡又一坡的雪地，暗藏著從基地營看不見的假山頭。我快樂地高唱，覺得相當訝異，接近七千公尺稀薄空氣，竟然還能唱歌、吹口哨。或許這叫做天人合一？人和山緊密相連是一件多麼愉悅的事。

朋友曾介紹我看一部日本影片，關於在山頂上測量三角點的故事。片中曾出現一句話：「當自己身在未知與險惡的大自然環境中，想要活著回來，唯一的方法就是憑靠自己的直覺。」

抵達三號營，午後正抓住陽光的尾巴。我將笨重的雙重靴脫下來透透氣，赫然發現腳上的襪子竟然濕透且沾滿銀色的碎薄膜，像夏日游泳被曬傷的皮膚，不

斷脫落，心想大事不妙了！內靴與外靴的保溫層，因日久而氧化碎裂，穿了六年的雙重靴要在此壽終正寢？然而，這一晚可是登頂日啊！

由於二〇〇九年完成南面珠峰攀登，緊接著受訓半年，便出發進行巴基斯坦喀喇崑崙山區的攀登，贊助公司沒來得及通知：此行無法提供登山靴。

我想了另一解決方法，只能向贊助公司借回曾攀過珠峰南面的那雙鞋。（當時結束攀登後，回送給贊助公司作紀念收藏。）礙於出發日期已迫在眉睫，只好麻煩活動企劃專員幫忙找回這雙鞋，借給我使用。結果卻陰錯陽差，對方誤寄了另一雙二〇〇六年攀登七頂峰的舊鞋，種下布羅德峰登頂之路的最大障礙。

在死亡禁區，最困難的轉身決定

當晚十點，在第三營地等待各國攀登隊員，約定一起出發。由七一〇〇公尺的營地前往布羅德峰峰頂，必須先度過一大片漫長的雪原，其中暗藏無數的裂隙與冰壁，夜攀加上缺氧，單打獨鬥的方式在這裡是行不通的。所以，德國隊的路易士整個下午在第三營，積極尋求各國登頂的資源，輪流開路與架設固定點，期盼能成功登頂。

到了出發時間，我等黑老闆與元植從帳篷裡出來，一起往登頂的路上前進。一路走在自己前面的外國隊員吸著氧氣瓶，攀登的速度可以用「狂飆」兩字來形容。沒有氧氣瓶的我只能按照「龜速」緩慢前進，黑暗中踏出的每一步都陷得很深，表示積雪相當鬆軟，儘管前面的人已走過，並未因此變得扎實。路徑由筆直轉變成「Z」字型切法，表示坡度變陡峭。一路上從看見大家的頭燈，到只剩下自己微弱的頭燈在黑暗中晃著。

經過兩個多小時的攀登，腳趾每跨出一步，像被鋸子狠狠鋸下，速度嚴重落後而落單。心想，這雙登山靴果然是來要債的！我判斷以此速度絕對登不了頂。在不使用氧氣瓶的情況下，一個人在雪原裡行走超過十幾個小時，不僅有生命危險，也容易讓手腳凍傷。

經過一番太空漫步，終於和大家會合了。並非我追上，是因為前方遇到大冰壁地形，必須架設固定繩，全部人員都在冰壁下方等待。黑老闆和元植要我先坐下來，鼓勵我繼續往前走。我感到雙腳仍是冰凍的，一方面是自己所穿的雙重靴已老舊，另一方面也表示正嚴重缺氧狀態中，且無法改善。

如果繼續往高處攀登，危險性只會增加，不會降低。讓我相當懊惱的是，畢竟一個月以來，高度適應得非常好，在七千公尺仍能唱歌，感受到山給我的自由快樂，不料此刻竟須做出抉擇！當下的直覺是，我必須下撤。於是把決定告訴了元植，他說：「秀眞姊，再繼續走走看，走到走不動爲止。」

心想：那可不成！在頭腦清醒的狀態，和走不動的狀況下才選擇下撤，兩者情況可是天差地別。別忘了，攀登者一定要預留下山的體力，在海拔八千公尺的死亡禁區，誰也無法保證能救你下來。

無氧氣輔助下的登頂行動，前後花了二十多個小時已經不容易了，下坡更是挑戰的開始。既然爬坡陡，下坡亦陡，加上體能消耗、心情鬆懈，有數據統計，近七〇%的登山死亡率都發生在下山的途中。相關經驗不斷地告訴和提醒自己：這回一定要放下！

在頭腦清醒的狀態，和走不動的狀況下才選擇下撤，兩者情況可是天差地別。

登頂的前一刻，我選擇放下

隔天，整理好背包，高山協作員表示可以陪我回到基地營。我回答：「可以自己下山，請您留下來，另外兩位正進行登頂的隊員比我更需要支援。」於是，他就留下來支援。

午後，我順利回到基地營，疲憊和懊惱全寫在臉上。用過茶水，營地人員特別詢問：「爲何沒能堅持去登頂？」我回答：「鞋子壞得很嚴重，加上無氧攀登，恐怕會造成四肢凍傷，也可能命喪山上。」

留守基地營的人員有些激動地說：「義大利登山家梅斯納也有截肢啊！」我一聽，當下無言，心中無奈，眼眶盈滿熱淚……我何嘗不想去登頂？我眞的適應得非常好！不過，沒有登頂是事實，應該誠實面對，儘管閒言諷刺話語接續出現，也要學習接受，重要的是自己清楚爲何做出決定。

卸下沉重的裝備，走進帳篷，暫時放下一切，好好休息。登頂的前一刻，我選擇坦然放下；捨得與不捨是我們一生中重要的功課，有捨才有得，不捨則必然會有另外的失去。望著世界高峰，明白了眞正的放下，是你將不再抱怨讓自己失敗的原因或理由。

努力攀上巔峰的同時，也要學習如何全身而退

黃昏時分，基地營突然傳來：「有人墜入冰河裂隙，有人墜入冰河裂隙……」這一喊，把所有人嚇得趕緊放下手邊的工作直往外衝，想進一步了解事情眞相。鎭定的基地營聯絡官，趕緊前去了解消息來源。無線電傳來臺灣隊正在下撤途中，事發地點也相當吻合，一陣低氣壓迅速籠罩臺灣隊營地，隊員們個個眉頭深鎖。最後經聯絡官證實，死者是香港人傑夫。

傑夫與我們同期攀登布羅德峰，此行他參加的是美國商業登山隊。參加商業隊需要一筆高額的費用，攀登期間必須遵守登山公司的一切規定。回想那天，他第一次走進臺灣隊的營地，看來體型不高、有些瘦小，領隊邀他進來喝茶聊天。

他先自我介紹：「來自香港，名叫傑夫。」印象中，傑夫爲人十分開朗，喜歡登山，輕鬆敘述這是他的第二座世界高峰。當下聽起來有點瘋狂，因爲同是八千公尺巨峰，但布羅德峰的難度絕對不輸給其他座高峰，感覺他有些輕忽。

由於語言上沒有太大的溝通障礙，傑夫很快就與大家打成一片，經常到臺灣隊營地串門子、聊聊天，我們也會拿臺灣特色名產「宴請」他。之所以用「宴請」一詞，是因爲所有物資能順利抵達布羅德峰乃是上天賞賜的，儘管只是一塊小餅乾。

登頂前夕，美國商業隊的名單裡沒有出現傑夫的名字，但傑夫自認已適應

浩瀚的大自然再美，總有無情的時候。
努力攀上巔峰的同時，是否也要學習如何從巔峰全身而退？

良好，堅持與其他隊伍一起登頂。他與美國商業隊的最後一次通話：「我已抵達七一〇〇公尺的最後營地，我要住在這裡，晚上十點去登頂！」

美國商業隊的領隊制止並勸他下山，等待適當時機，再去登頂，當下傑夫並沒有理會，堅持要領隊想辦法安排帳篷住宿。領隊只好照做，商業隊的立場是「付費是客戶，客戶最大。」此外，傑夫間接以電話錄音，簽下登山自行「脫隊」切結書。隔天午後，可能已體力不支、缺氧，不慎墜落深不見底的冰河裂隙，生命就此殞歿。

這趟攀登行程，臺灣隊也沒能登頂，傑夫的事件種下了布羅德峰的攀登陰霾。傑夫意外墜落，讓大家心情凝重，尤其是黑老闆親眼目睹過程！而且，最後營地七一〇〇公尺到峰頂八〇五一公尺，雖然垂直落差只有一千公尺，可平行爬升路途遙遠，加上沒有氧氣瓶的輔助，登頂成功率相對較低。

別忘了，死亡禁區裡的一百公尺距離，得花將近一個多小時才能走完，加上低溫、低壓、低氧的三大環境條件和分秒持續流失的體能、午後難以捉摸的天氣變化，任何一項都足以成爲致命傷。

據當地高山協作員描述，冰河裂隙深不見底，無法將遺體運上來，討論之後，採取就地爲死者哀悼的方式。心情稍微平復，我們選用一隻不銹鋼盤，刻上傑夫的名字，帶著零食、餅乾、果汁，走到冰河旁、朝向布羅德峰方向，爲他祈福、誦經，願他安息。

浩瀚的大自然再美，總有無情的時候。傑夫的死，給我很大的啓示——必要時懂得放下。登山猶如人生旅程的縮影，途中起伏變化，在在考驗著我們。努力攀上巔峰的同時，是否也要學習如何從巔峰全身而退？

遙寄一百張喀喇崑崙山明信片的祝福

此刻讓我深刻體悟，接近登頂時才決定撤退，有如孕婦臨盆時的難產，痛苦萬分，需要更多勇氣去面對與承擔結果。我們常以爲成功登頂是最困難的征戰，但這次發現，撤退的抉擇才是最高難度的挑戰。

隔天的風，吹得絲毫沒有要停歇的意思。午後開始猛烈狂吹，吹來的方向和以往不同，是來自K2峰方向的北風。一對墨西哥夫婦登山者曾經表示：如果「風」是從K2峰方向吹來，表示天氣將要變好。不過，看著基地營的旗子、帆布及沒有拴緊的東西到處亂滾，新蓋好的廁所也被連根拔起，眞難想像會是好天氣的預兆。倒是這麼一來，天空被吹得一乾二淨，顯得更爲清澈，眼前的天使峰與K2峰緊緊依偎，清朗的山貌因日出日落而金光閃耀，露出溫和親善的容顏。

此行懷有太多親朋好友的祝福，出門前我打好一百位親友名單，將自己在山區的心情日記一一分享。八月六日離開布羅德峰基地營前夕，終於完成一百張來自喀喇崑崙山的明信片，裡頭可是富含著：冰川的冷酷、頭燈的光照、風的呼

原以為成功登頂是最困難的征戰，但這次發現，撤退的抉擇才是最高難度的挑戰。

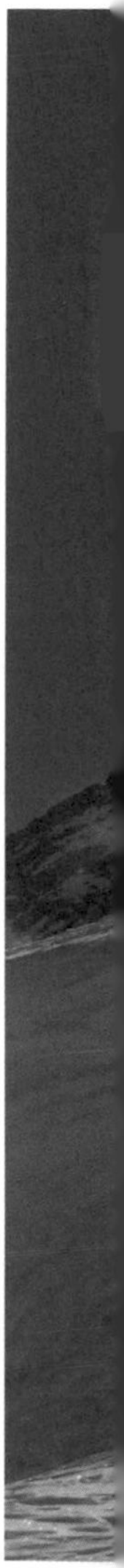

嘯、滿天的星斗、K2峰的壯闊、雲的飄浮、缺氧的空氣，還有我滿滿的熱情與誠意。

即將告別喀喇崑崙山前夕，寫下這首「心詩」：「雲霧縈繞月半面，乘快飛雪難允諾，夜風穿引戀山河，冰融滲入歲月流。群山靜謐千萬年，浩瀚星空天際開，惟不見相思之人，稜上白雪堆皚皚。」

想成功，就不要害怕途中的踉蹌、摔跤……

離開基地營再回到艾斯可麗亞，九十三公里路。一個半月前，我們花了五天的時間走這段路。如今，整整四十五天沒洗過澡，那種想下山沖個熱水澡的渴望，讓我們歸心似箭。把走回艾斯可麗亞的路程縮短爲三天，從司卡度回伊斯蘭馬巴德（Islamabad），又得坐在車上兩天兩夜。

讓人靈魂出竅的車程再上演。司機沒什麼脾氣，只是開車沒耐心——拚命地按喇叭、瘋狂超車、轉彎猛煞車，狂奔在蜿蜒的印度峽谷，把所有乘客甩來甩去，尤其後座的隊友，阿展和黑老闆已經招架不住，吐得唏哩嘩啦。直到抵達伊斯蘭馬巴德，大夥已在發瘋的邊緣。

剛從山裡解放出來的我們，渴望好好吃上一頓。偏偏巧遇伊斯蘭教的齋戒月，途中商店或飯館全休息。加上城鎮治安狀況不是很穩定，聯絡官要我們乖乖地待在車上，不准下車，登山公司總管拉斐斯負責去買食物，沒想到他一上街竟然花了大半小時，卻只帶回兩瓶汽水和一些餅乾、糕點，供滿車的人一起分享。

這樣哪夠塞牙縫，更別說填飽肚子了！一路上仍舊饑腸轆轆，肚子所發出的聲音比巴士引擎還吵。只好盡量閉著眼別往外看，入境隨俗地忍耐一切。如果你問：巴基斯坦的攀登體驗如何？我會誠實地回答你：走得發慌、餓得發暈、坐到發瘋。

首次前往喀喇崑崙山區攀登布羅德峰，雖然未能成功登頂，五十五天的磨練卻讓我們帶回寶貴的經驗，遠遠超過登頂的結果！就如程董事長與顧問老師曾說：「想要成功，就得不怕途中的踉蹌、摔跤、困境、失敗，這些磨練，是幫助我們邁向成功之路最可貴的過程。」

第十六章

從雲端 到人間的行腳。

我深感自己能走進登山領域，是上天所給予的磨練。
回首一切絕非偶然，一生所遇之人有多少？能夠影響多少事？
珍惜當下，認真清楚地善用每一天，做人做事無愧於天地，就是我面對生命的態度。

日本七冠王將棋棋士羽生善治，曾在他的著作《決斷力》（究竟出版）一書中說：「人必須經歷過眞正的絕境，才會有飛躍性的成長。」

二〇一二年九月，我前往新社高中演講結束後，邀請人何陽修老師爲盡地主之誼，帶我到一處視野很好的簡餐坊用餐。還記得當時餐坊老闆露出羨慕的眼光，直對我說：「妳很幸福，年紀輕輕就走遍七大洲，看盡大山大水。像妳這樣的人，還有什麼事是放不下、拋不開的呢？」

是啊，這一路走來，我也覺得自己眞是個幸福的人。然而餐坊老闆不知道的是，我曾在南美洲的阿空加瓜峰，獨自經歷了一場兩天兩夜的狂風暴雪、幾乎要奪走生命的存亡時刻……也就是在那場嚴酷的考驗之後，「行腳每一所學校」的構思自心中油然而生，讓我勇敢邁向另一段爲「登山教育」扎根的生命旅程。

「同理心」是關鍵出發點

記得剛開始面對一群年齡只有個位數的小朋友進行演講時，學校主任、老師們總希望我能以攀登世界高峰的生命體驗來激勵他們。只是在這之前，我從未接觸任何兒童教育方面的訓練，難免擔心能否掌握好與小學生溝通的用語等等，內心因此感到十分緊張害怕。心想，就算要我再爬幾座高山，也不至於如此煩惱吧？

當時腦海中不斷浮現天眞無邪的孩子啥事也不懂，他們和我的思維差距有三十幾年，而且我又是從少女時代就開始半工半讀，成長背景截然不同，該如何將自己的生命故事有趣生動地傳達出來，才不會讓小學生聽到睡著，或是坐不住、自己玩起遊戲來？

所幸後來朋友跟我分享相關經驗，並給予參考意見，才讓我及時開竅——「你就從他們的年齡去思考事情啊！好奇心占了小朋友很重要的部分，不妨用說故事的方式帶領他們進入你的領域。」

於是我重新構思、製作演講內容，以小學生的立場、角度與視野爲出發點，外加童眞與想像力作爲分享的主題。每四十分鐘就小休十分鐘的教學鐘點，內容活潑，並加上現場提問，以及攜帶海外攀登裝備來增加趣味性的實務學習——透過試穿、試揹攀登裝備的互動，小朋友也體驗在平地穿著笨重的裝備，都已經上氣不接下氣了，相對在高山上行走肯定舉步維艱，當中還需要很大的耐力與毅力來克服困境。

以兩堂課的時間進行演講後，我發現「同理心」是很重要的出發點，因爲太艱澀、嚴肅或教條式的內容、態度，只會讓講者與聽衆之間更疏離。這不僅在與小學生溝通時需要注意，人與人之間的相處，凡事若能以同理心對待，相信許多由人事物所衍生出來的問題，都可能迎刃而解。

對於有志從事登山活動的人，「同理心」也是登山人格素養的培養重點之一，它不僅能讓你和隊友之間相處融洽、有默契，萬一在遭遇險境之際，因為彼此之間能相互體諒，而化解了危機。

播撒登山教育的種子，等待發芽

在每一場演講開始，我通常會以在南極洲遇見溫蒂小姐與鈴木小姐勇敢追夢及永不放棄的故事來激勵聽眾，尤其是小朋友。

溫蒂小姐是一位多發性硬化症病友，曾經被醫生宣判將在輪椅上度過餘生，但這項噩耗並沒有打倒她。她說：「我想成為第一位患有多發性硬化症、卻能登上世界七頂峰的人，所以從二〇〇一年起，我開始了登山生涯。」

另一位來自日本的鈴木小姐，身高只有一四五公分，體型非常嬌小，她說：「攀登世界高峰，同時要趕上其他隊友的步伐，是很累的！因為我的腿很短……但我總是盡量做到最好，永不放棄。」

惡劣的天候、險峻的地形，甚至是身體的殘缺，對於這些來到南極實踐夢想的人，都不構成阻礙與限制。溫蒂小姐說：「我眞的很想告訴人們，不一定選擇登山，也不是每個人都想登山，而是想鼓勵那些發現自己患病或陷入困境的人，去接受難題，去做你預期之外的事，而不是說：『喔！我的生命就像自己所想，已經完蛋了。』」我深信這般的無限毅力與勇氣，可以讓人突破生命的局限，展現出更加深廣的生命態度。

爲了鼓勵青年學子勇敢築夢、追夢，我透過自己求學、成長，以及海外登山的生命歷程，樂此不疲地前往每一所學校演講與播種。我對自己說：「所到的學校，只要有一顆種子發芽，再辛苦都值得！」這些年來播撒的種子，有些已經陸續發芽中——

「秀眞姊姊，大學學測考完了，我的目標是森林系林學組。謝謝您上一次的鼓勵！讓我決定大學要選的科系和方向，並計畫用剩下的半年，把二、三年級的生物、化學科目補起來……」

「秀眞姊姊，我已確定考上嘉義大學森林系。放榜時，學校導師室的老師們覺得不可思議，社會組的學生竟能考取自然組的科系，改變他們原本認爲不太可能發生的事。姊姊，我眞的辦到了！過程雖然辛苦、充滿挑戰，但我體會出一件事情：對夢想充滿熱情，下定決心去努力、突破局限，結果是令人驚豔的！」

「秀眞姊姊，當入學面試時，教授問我爲何要來念森林系？我勇敢地告訴教授，決心考取森林系，是因爲受到江秀眞姊姊到學校演講時的啓發和鼓勵。結果教授很開心地說：『江秀眞，她是我的學生！』」

每回讀著這些純眞又可愛的來信，我總是熱淚盈眶，這比登頂世界高峰還來

我總是對自己說：
「所到的學校，只要有一顆種子發芽，再辛苦都值得！」

得讓人興奮動容啊！儘管有時到學校演講的路程曲折不易，身體也會感到疲累，但我始終覺得：不吝嗇給身邊的人鼓勵，才是最自在又幸福的。

永生難忘！一幅動人的轉譯畫面

有一回前往南投縣中寮鄉的清水國小，演講結束後，有位老師陪同一名五年級學生走向講臺，跟我說這位同學有感言想回饋給講者與全體聽眾，並說明：「小冬（化名）同學非常喜歡您今天的演講，兩個小時的演講帶給他許多感想，可以給我們幾分鐘時間說出心裡的感受嗎？」我立刻回道：「當然可以！」

老師進一步解釋小冬是自閉兒，無法像一般小朋友用清楚的言語表達自我。今天他特別專注地聆聽演講，從頭到尾都沒有離開。根據老師以往的經驗，如果他不喜歡聽，會轉身跑掉，但今天卻沒有。

小冬站在台前發出不易辨識的喉音，可能是興奮急切地想表達感謝，卻無法說出口，只好用其他聲音來表示。其實在之前的演講過程中，我隱約聽見這樣的喉音，似乎想反應些什麼，這時終於恍然大悟——原來演講中的喉音是小冬的熱情回應啊！

接著看見老師手拿一張紙板，借由小冬用手觸點，來翻譯小冬想講的話。這幅動人的轉譯畫面，讓站在一旁的自己感動到不能言語。這對師生想必下了一番苦功，不斷努力練習了解對方的意思，才能達到這樣的溝通境界。

小冬透過老師的解讀，高興地說：「謝謝江老師今天到我們學校來演講，讓我們看見世界的新奇與挑戰高峰的勇氣，帶給我很多鼓勵。我會努力學習溫蒂小姐與鈴木小姐，勇敢追夢及永不放棄的精神！」

聽完小冬的感想，當下心疼至極，因爲他費了那麼大的勁兒來表達內心感受。這是自我演講以來，最珍貴的心得回饋，永生難忘。我回應小冬：「你和溫蒂小姐一樣勇敢，也要學習鈴木小姐永不放棄的精神喔！」

「結」富濟貧，行腳每一所學校

星雲大師曾說：「財，十方來，十方去。」我幾經思索，終於想通其中道理；六年多來行腳各級學校機構進行演講，更驗證了師父所說的哲理。兩小時的講師費對我而言，是個人財；但若回捐給學校，它就變成可利益衆生之財。換句話說，講師費用在己身，發揮效益有限；回捐給學校，老師可再邀請其他講師來激勵同學，受惠的將是更多學生。

我心中始終懷著一個「結富濟貧」的理念，結合資源、財力豐富的企業經費，去支援較爲缺乏的偏鄉學校或弱勢單位，畢竟演講目的是爲了分享生命經驗鼓勵更多人。這樣的理念支撐我到現在，讓我在演講行程中不疾不徐，一場接一場地走下去。儘管荷包是空的，心中卻篤定也明白：我的存摺裡存有無限的能量資糧，足夠我使用一輩子了。

還記得第二次攀登珠穆朗瑪峰回國後的半年間，因在攀登過程中曾受到登山隊員的誤解，那時生命中的小飛俠之一——美蓮姊是我最大的精神支柱，她跟我分享：「無欲則剛，一個沒有私欲的人，不會被外境左右其正氣，無欲之人才能剛毅正直。」這句話，讓我不再感到遲疑和迷惑，將衆人成就的我再奉獻給衆生。這也成爲我日後，能夠繼續勇往直前、不怕萬難的最佳座右銘。

從二〇〇五年的勇敢追夢，參與攀登世界七頂峰的計畫；到二〇一〇年俯瞰生命之山，以行腳學校演講、傳播登山教育爲志業。這段過程中，我體驗無數的不可能而能，不能行而行，這一切要感恩衆人的成就。多虧有善知識們，在我困惑無助時，給予指引與勇氣。

我深感自己能走進登山領域，是上天所給予的磨練。回首一切絕非偶然，一生所遇之人有多少，能夠影響多少事？我想，結下幾許善緣，珍惜當下，認眞清楚地善用每一天，做人做事無愧於天地，就是我面對生命的態度。

創辦登山安全教育學校

一直以來，我對《牧羊少年奇幻之旅》（時報出版）書中的經典名言很有感——「當你眞心渴望追求某種事物，整個宇宙都會聯合起來幫你完成。生命對那些勇於實現天命的人總是慷慨的。」

這印證了我二〇〇九年第二次完攀珠穆朗瑪峰的殊勝過程——當時我的臉被氧氣面罩占據了二分之一的面積，從基地營到峰頂來回連續五天的登頂過程中，體能消耗大半、精神疲累，心情卻異常喜悅，世界七頂峰攀登計畫在那一刻畫下句點，隊員致豪帶著興奮的神情，在營地前問我：「秀眞姊，未來有什麼打算？」我毫不猶豫地脫口說出：「未來將投入登山教育至少二十年！」

或許這是內心的直覺吧。

竹北中正國小演講。

臺灣四面環海，寶島上的高山林相資源豐富，國人理應個個是泳將，也很能登山才對，但現實情況是，我們大都從小被大人禁止靠近水邊，因爲會被水鬼帶走喔（尤其是暑假期間想玩水時），不要爬太高難度的山（因爲經常有山難發生）……這對於擁有好多天然山水資源的臺灣人來說，眞是可惜了。

曾在玉山國家公園擔任保育巡查員一職的我，除了負責管制入園行政外，經常接到山難事故的協助勤務，那時主管希望我能藉由攀登七頂峰的經驗，有效地讓登山者爲自己的生命安全負責，千萬別讓一時的登頂狂熱凌駕於生命智慧之上，進而降低山難事故的發生。

在累積二十多年、攀登國內外一百多座大小山峰後，我深深企盼能爲登山教育貢獻心力，建立一套適合臺灣山域活動的教育體制。當然這需要長期規畫、建立制度，並持續從中修正與落實。在歐美國家登山，尤其登山歷史悠久的國度不難看出，大多數的登山者對專業技術都相當嚴謹、重視，對待自然生態環境或管理單位，都非常自律且充滿人文素養。我也認爲，登山教育核心應該建立在足夠的人文素養、對自然生態環境的尊重，以及熟練的登山技術上。

思考登山技術學程

我生命中的第一座臺灣百岳是雪山，和一般人相較，算是滿早接觸登山活動的。回想種種登山歷程，以及每次看到國外登山學校將高山氣象與登山安全緊密結合在一起，甚至列入基礎課程講授，總讓我重新思考：臺灣有許多美妙、不輸人的山水奇景，我們該如何建立完善的登山教育學程，培養國內登山專業人才，吸引外國登山客來臺灣探險攬勝才是。

臺灣登山分級制度應該建立：對高山環境的了解、登山者的知識與技術背景、環境管理單位、商業經營者、搜救及學術單位等立場，以及跨領域、部會做溝通協調與適當修正，進而達到完善的分級制度。國外的高山環境確實和臺灣大不相同，我們無須照單全收，但好的觀念、思維是值得參照及調整運用的。

爲了學習高山（登山）氣象專業知識，我繼續考進臺灣大學大氣科學系碩士班研讀，希望藉由自己的學習和認識，讓更多山友共同正視與關注山區氣象預報的重要。

這幾年來，因爲臺灣大學大氣科學系受雪霸國家公園委託高山氣象監測與測站維護，每兩個月必須進入雪山收集氣象資料，但礙於山區的氣象資訊收集不易，我們深切期盼透過產官學合作，能將氣象資訊自動化，一方面增進登山安全、降低山難事故發生，一方面建立高山生態氣象監測網。我相信，未來也能將此學程落實於臺灣的登山教育之中。

臺灣有訓練雪地、攀岩、溯溪等技巧的寶山奇水

奇萊山一向被納入臺灣百岳中的黑名單，擁有「黑色奇萊」之名。記得生平第一次攀登奇萊山就遇上颱風，當時親眼見證奇萊連峰的黑，成爲我這輩子難忘的回憶。它除了是座讓許多山友卻步的山峰，更別說在雪季有人想主動靠近，我首次在奇萊山進行冬季冰攀，是爲了海外攀登的行前訓練，那一趟行程見識到白雪皚皚的奇萊山峰，頓時洗刷掉它的黑名聲。

儘管攀登過許多國外大山，我在面對地形、植被、冰雪岩混合複雜的臺灣高山時，仍覺得攀登技巧有很大的不同。臺灣冰攀環境多爲薄冰、鬆雪、碎岩石、溪溝、斷崖等複雜地形；相對地，國外雪況較佳，攀登路線穩定，地形單純些。奇萊山雖是臺灣百岳中的魔王之一，卻也是讓我的雪地技巧突破最多的一座寶山，更讓我明白——世上沒有絕對難爬或好爬的山，完全取決於自己。我們應該要謙遜於自然，尊重萬物，平常細心準備，攀登時勇敢面對。

臺灣的中央山脈和玉山、雪山等山脈，已有完善規畫的登山健行步道，像玉山、雪山、南湖大山每年都吸引許多外國人前來體驗登山健行活動；還有臺灣的岩石峭壁地形也是攀岩活動的好場域，例如東北角海岸的龍洞，景致已是符合國際水準的攀岩地點，如果能在此舉辦國際攀岩競賽，相信世界各地的登山運動

者，更能從不同角度來欣賞、親近臺灣。

除了上面所提到的山林資源面向，臺灣擁有三千公尺高山約有三百座，大大小小的河川支流約有一一〇〇條，這樣的地形、地勢豐富了溪流與山林景觀，很適合溯溪活動，而且可依不同海拔、挑選出幾條特色路線提供國人體驗與教學；溯溪活動也可以和外國的登山學校交流冰攀活動，更能增進彼此專業技術的提升。這些都是臺灣登山學校未來可以規畫發展的山域活動。

登高必自卑，行遠必自邇

我一直很喜歡《賈伯斯傳》（天下文化出版）中所說的一段話：「你不可能有先見之明，只能有後見之明，因此，你必須相信，這些小事一定會和你的未來產生關聯。你沒辦法預見這些點點滴滴如何聯繫，唯有透過回顧，可以看出彼此關聯。所以你必須相信，無論如何，這些點點滴滴會在未來互相連結，有些東西你必須相信，像你的直覺、天命、人生、因果，諸如此類種種。」

從二〇〇九年開始，這六年多以來的行腳演講，至今已累積了一千多場次，其間和許多人分享登山教育學校的夢想，不管是大學生、小朋友、各領域的社會工作者，都異口同聲表達支持：「二十年的時間實在太久，希望學校能夠早一點成立。」然而，還有許多想法需要沉澱、內化、整理，幾乎都得獨力作業。畢竟

雪山雲海奇景。

要在臺灣設立一所小有規模的登山學校，既要符合社會、文化、生態、環境等因素，又要能永續發展，這樣的前置作業並非短時間就能完成。

正所謂「登高必自卑，行遠必自邇」，在前往夢想的這條路上，我也計畫到世界知名的登山學校觀摩、取經，了解他們如何安排課程、學校經費來源、嚮導證照制度管理、國際交流等層面的知識。這所將以全民概念為主體的登山學校，當然要讓全民來參與成立。未來也許透過小額樂捐，或者民間團體和企業家共襄盛舉等方式，一步一步來規畫落實。

我相信，當一個人有心要完成一件事，天地萬物都會聯合起來幫助他。

寫於書後——

回看，在父親離世之後

嗨！親愛的江老爸，時間過得好快，您已經離開我眞實的生命一年多了。在天上的您，一切都安好嗎？

還記得二〇一四年的端午節前夕，二姊和二姊夫回家看您，隔天大哥就寫簡訊通知大家您進了醫院。人，本來就會老、會生病……住進醫院修整、保養身體，也是理所當然。可是這次您卻一去不回，根本沒有任何跡象。

剛聽到您住院的訊息，我們眞以爲和上次一樣，您很快就可以回家和我們過節。再收到大哥來訊時，竟然說您已陷入昏迷，要我們有心理準備，並盡快趕往急診室。當時看您皺著眉頭、緊閉雙眼，躺在急診室的病床上，我們竟束手無策！

醫生說，您的腦袋瓜因血管爆裂，二分之一被血液淹沒，簡稱爲腦栓塞，就算手術成功，也還是會變植物人。全家沒有人同意讓您變成這樣，只能故作堅強，簽下放棄侵入性急救同意書。然而這一簽，也表示我們將與您長久分離……

等到醫院有病房空位，我們和醫護人員將您緩緩推進普通病房；比起急診室，這裡安靜許多，而這也是我們能夠陪伴您的最後時刻，除了您最掛念的小弟還連絡不上，幾乎已全員到齊。那時乾媽也陪著大家，幸好有她協助我們穩住心情、保持冷靜地面對這一切驟變，並透過她順利找到法鼓山的師兄來幫忙處理後續事宜。

儘管極度悲傷，卻沒有慌亂的黃昏時分迅速爲夜幕所籠罩；我們正努力學習您生前的淡定，也相信您正看著我們。

醫生要我們和您說說話，再不說恐怕沒機會了。我一聽，心中既不捨又酸楚，因爲我根本還沒準備好要跟您告別啊……從小到大，不曾貼近您的耳邊說話，因爲您好嚴肅，不笑的時候就像個壞人，老媽都叫您「黑荒」（台語發音，形容人不苟言笑、難以親近），小孩一看見您，就哭得很大聲。

但這下我可不管了，輕拉著您的大耳朵，任性俏皮地喚著您的綽號：「阿根啊～您要跟隨著亮亮的光，佛祖會指引您去祂的身旁。您的矮阿珠（老媽）我們會好好照顧她，您放心地去吧！」我想起黃淑梅師姊和乾媽與我分享的方式，和您做最後的告別。奇妙的是，當我們輪流跟您說話，病床邊的心電圖紀錄儀竟顯示心跳飆高的波動。我想，您一定聽見了，這應該是您給我們的回應吧！

幾年前，曾經與您聊到人往生後的去處，您跟我說想回雙溪老家土葬，我牢記著，卻不敢直截了當分析現況給您聽——臺灣近年來土葬的使用地不易取得，這情形您是知道的。先前雙溪公墓因爲挖隧道，許多墳墓都被遷葬了；加上年輕世代處理喪葬的方式也都盡量簡化，如果採用土葬，六年後的撿骨儀式不知如何進行，相信您一定明白這些現實問題。因此，家人們商量將您的骨灰安置在楊梅崇德公塔。

◎　◎　◎

在辦理後事的那些天，我的腦海不時縈繞著小時候的生活情景，包括住在雙溪兩樓半透天厝的點點滴滴，那可是您和老媽辛苦拚搏來的第一間房子，也是我們全家最快樂的時光。每年，您總會趕在除夕夜前，從東北角海岸釣一條大魚回來當作年夜飯的最佳菜餚。當時年紀小，根本無法體會二月天兀自站在冷颼颼的東北角海岸吹海風垂釣的辛苦，就爲了讓家中孩子有個難忘的幸福團圓飯……更重要的是，讓我們感受到有個厲害的老爸。

只是這樣的快樂時光，因著老媽被倒會而劃下句點，必須賣掉雙溪的透天厝，一家人分散幾處租屋。老媽只能沒日沒夜的掙錢還債，小孩也提前展開半工半讀的生活。我記得有段時間您先留在雙溪開計程車，但當時人口嚴重外流，生意慘淡，有時還會載到賭客根本拿不到車資。

有一次家裡沒錢買菜了，我帶著小學四年級的小弟去跟您拿錢，結果您卻把他罵走，這件事從此成了小弟和您之間的一道牆，直到您離開人世後，小弟才慢慢釋懷——您知道嗎？在您往生那天，小弟是哭得最慘的一個。一年後他變了個人似的，因爲思念您，他寫了一首詞，用手機Line給我們看，那手寫字還眞是端正漂亮呢！

後來老媽決定讓我和小妹、小弟從雙溪搬到三重一起住。搬家可是件大事，不過當時卻沒半個大人在身邊照料，就連老爸您都失蹤好一陣子。還是老媽打電話，請大伯母的朋友客串搬家公司，三阿姨和姨丈也來幫忙整理家具。說眞的，當時我有些生氣老爸您這樣對待我們。

待一切整理就緒，三個小孩就坐上卡車駕駛座旁。沿著牡丹溪，司機叔叔和我聊天：「你們要搬去三重，妳認得路嗎？怎麼都沒有大人來帶你們！」心頭忽然覺得好辛酸無奈，眼角早已泛淚，卻只能故作堅強回答：「我媽媽有教我怎麼認路，應該沒問題！」

望著窗外，車子緩緩駛出雙溪交界。十四年的歲月，在我眼前幡然飄逝……那些天眞無邪的童年回憶，在當下交雜著無奈、複雜、感傷的心情，一併打包，遠走他鄉。

◎　◎　◎

一九九五年，我第一次在珠穆朗瑪峰登頂的消息傳回臺灣，媒體記者突然跑到家中訪問您，生性害羞又不擅表達的您，雖說不上幾句話，生平第一次被報紙刊登您和老媽的照片，看起來還眞是經典！

爾後完成七頂峰攀登計畫，榮獲全國十大傑出青年，您第一次站在台上和女兒一起領獎，想必是緊張極了，一向不愛盛裝打扮的您，竟然穿著西裝、皮鞋上台，主持人訪問您：「是否曾和女兒去爬過山？」一下子把您問得支支吾吾的，什麼「湖」說了老半天，卻說不出個所以然。我也替您著急得滿臉通紅，只想趕緊拿獎下台。

事後回想起來，長期受糖尿病、痛風所擾的您，難免因吃藥而產生許多副作用；當時不夠細心體貼的我眞該死，竟然忘記這輩子您唯一和我們一起爬上臺灣高山的難忘回憶，沒能及時幫您回答：「七彩湖！」

一輩子與海爲伍的您，在退休沒多久，我們好不容易說服您一起參加七彩湖的爬山行程，由大哥、二姊和我三人陪您上山攬勝，而且車子可以開到近湖邊的地方，不會讓您爬得太吃力。最主要也想讓您見識大山的壯闊和大樹的挺拔，有別於大海不同的感受。可惜當時老天不給面子，一片霧茫茫的七彩湖，伸手不見五指，啥也沒看見。但您始終記得這件事，想讓更多人知道您和我們一樣也爬過山。

二〇〇九年四月初，我將前往攀登七頂峰計畫的最後一座珠穆朗瑪峰，所有登山隊員的家屬都聚集在桃園機場爲我們送行。當時我花了些時間說服您：我是去學習，不是去冒險。但您始終擺出一張撲克臉，要我：「麥安捏黑白武！」（台語發音，意指別胡亂搞）我知道您眞的擔心我，只好四兩撥千斤，一臉耍賴模樣地說：「我要武啥！不會啦，天氣不好，強要爬喔?!」還說，我會去基地營炒米粉給您看，這樣您就會放心了。後來我眞的拍了張在基地營炒米粉的照片和您分享。

還有一回因演講路過楊梅，順道回家一趟，見您獨自坐在客廳，看起來沒啥精神，便催促您多出去走走，別老是待在家裡。您卻說眼睛昏花看不清楚，生平第一次要我幫您剪指甲。是啊！在我的眼裡心裡，老爸總是巨大頂天，從未意識到您已經七十歲，有些老了……於是我小心翼翼地幫您修剪指甲，您也靜靜地，似乎在享受這樣的過程。只是沒想到那是第一次，卻也是最後一次……

◎　◎　◎

再說起我送您的那件羽毛衣，您總是穿著不離身，還被老媽叨念：領口都髒了還不換下來洗。有一天，或許是天氣太冷了，您竟把泡茶爐子上的水壺當成暖爐，放在羽毛衣上面，霎時「ㄘ——」的一聲，燒焦味竄出不打緊，羽毛衣瞬間破了個大洞，裡頭的羽毛一根根從眼前飄飛而上。

您看著傻眼，嚷著：「死啊！這是寶貝女兒買的羽毛衣，怎麼辦……」您不

敢對我明講，只好透過二姊打電話給我：「妹啊，聽說爸的羽毛衣破了。」「啥？羽毛衣破了……怎麼破的？」「聽說是泡茶泡破的，妳等一下打電話回去給他，千萬不要給他『吐槽』知道嗎？」

我趕緊打電話回家：「爸，聽說您的羽毛衣破啦！沒關係啦！我剛從巴基斯坦的布羅德峰回來，這次歐都納公司又贊助一件新的羽毛衣，而且這件是有貼國旗的喔！」您一聽見國旗兩字，馬上說：「趕緊幫我送回來。」我說：「爸，現在才八月底，等天氣冷一點再拿回去。」您竟迫不及待地催促：「妳忙沒關係，可以用黑貓送。」我頓時愣住，下一秒才意會您是要我用宅急便配送。

原以為事情就這麼處理好了，不料兩個星期後，電話又響了。這次換成嫂子打來說：「妹仔，爸最近怪怪的……」我回答：「又怎麼啦？」嫂子說：「這大熱天我都快中暑了，老爸竟整天穿著妳送給他的羽毛衣在社區裡頭晃來晃去！」

親愛的江老爸，您從一開始叮嚀我「不要亂武」，到後來「以我為傲」的用心良苦，我都有收到，永遠記在心裡啦！

◎　◎　◎

自從您離世之後，有好一段時間我在演講時都會提到您，總覺得您一直陪在我身邊。幾度說到人生無常，一口氣不來，啥也帶不走。人，該如何突破無常？——珍惜當下與身邊所擁有的一切，當失去時，遺憾就會少一點，甚至沒有遺憾。

這一年多來，我在您離世之後，除了深刻體悟生命的無常外，也讓自己及時回看人生，明白每一階段生命旅程的珍貴意義。

二〇一四年八月，我和兩位姊姊相約到西藏參加馬年轉山與珠穆朗瑪峰基地營之旅，索性將您那件心愛的羽毛衣、帽子、相片和經文儀軌帶著一起前往西藏阿里（岡仁波齊神山）轉山，據說馬年轉山祈福加倍。我們兄弟姊妹各自婚嫁後，一起出遊的機會眞的微乎其微，或許是您在冥冥之中，要我們陪您走完這一趟。

難得在西藏的雨季，老天給了三日天晴，讓我們順利越過海拔五七〇〇公尺的高度，親臨一望無際的「風馬旗」（上面印有經文）隨風飄揚，雙手合十虔誠祝禱，祝願父親順利前往西方極樂世界。

再多言語，都無法表達心中思念；再回首，你將會發現眞正無憾的人生，是能和家人好友分享生命的喜怒哀樂，一起度過悲歡離合。

大姊曾說，她很感謝上蒼給了她這麼一個妹妹。而我更要感謝上蒼，讓我這一路走來，有幸登上雲端思索生命的眞義，有幸遇見這麼多人間活菩薩的相挺與陪伴！還有二姊在忙碌中抽空幫忙確認初稿，以及所有協助本書完成者，我都感激不盡。

世界七大洲最高峰

（7. summit）

願將所有恩師、貴人，對秀真的提攜、鼓勵及協助化為正向能量，分享給更多人。

PEOPLE 24

挑戰，巔峰之後

作　　者——江秀真
攝　　影——江秀真
文字協力——連秋香
特約編輯——連秋香
責任編輯——何若文
美術設計——謝富智
版　　權——林宜薰、吳亭儀、黃淑敏
行銷業務——林彥伶、石一志

總 編 輯——何宜珍
總 經 理——彭之琬
發 行 人——何飛鵬
法律顧問——台英國際商務法律事務所　羅明通律師
出　　版——商周出版
臺北市中山區民生東路二段141號9樓
電話：(02) 2500-7008　傳真：(02) 2500-7759
E-mail：bwp.service@cite.com.tw
發　　行——英屬蓋曼群島商家庭傳媒股份有限公司城邦分公司
臺北市中山區民生東路二段141號2樓
讀者服務專線：0800-020-299　24小時傳真服務：(02)2517-0999
讀者服務信箱E-mail：cs@cite.com.tw
劃撥帳號——19833503　戶名：英屬蓋曼群島商家庭傳媒股份有限公司城邦分公司
訂購服務——書虫股份有限公司客服專線：(02)2500-7718；2500-7719
服務時間——週一至週五上午09:30-12:00；下午13:30-17:00
24小時傳真專線：(02)2500-1990；2500-1991
劃撥帳號：19863813　戶名：書虫股份有限公司
E-mail：service@readingclub.com.tw
香港發行所——城邦(香港)出版集團有限公司
香港灣仔駱克道193號東超商業中心1樓
電話：(852) 2508 6231傳真：(852) 2578 9337
馬新發行所——【Cité (M) Sdn. Bhd】
41, Jalan Radin Anum, Bandar Baru Sri Petaling,
57000 Kuala Lumpur, Malaysia.
電話：603-90563833　傳真：603-90562833
行政院新聞局北市業字第913號

封面設計——copy
印　　刷——卡樂彩色製版印刷有限公司
總 經 銷——聯合發行股份有限公司　電話：(02)2917-8022　傳真：(02)2911-0053

2016年（民105）5月8日初版　Printed in Taiwan　定價390元
2022年（民111）4月4日初版10刷

ISBN 978-986-477-001-4
商周部落格——http://bwp25007008.pixnet.net/blog

• 本書使用環保大豆油墨印刷。

國家圖書館出版品預行編目

挑戰, 巔峰之後 / 江秀真著. -- 初版. -- 臺北市 : 商周出版 : 家庭傳媒城邦分公司發行, 民105.05
336面 ; 17*23 公分. -- (People ; 24) ISBN 978-986-477-001-4(平裝)
1. 江秀真　2. 臺灣傳記　3. 登山

783.3886　　105005593